INTEGRAR
LA SOMBRA

Título original: *Shadow Work. Your Personal Guide*

© 2025 Librero b.v. (edición española)
www.librero.nl

© 2024 Quarto Publishing Group USA Inc.

Publicado por primera vez en 2024 por Wellfleet Press, un sello editorial de The Quarto Group

A menos que se indique lo contrario en la página 123, ilustraciones © 2024 Quarto Publishing Group USA Inc.

Edición: Rage Kindelsperger
Dirección editorial: Erin Canning
Dirección creativa: Laura Drew
Jefa de edición: Cara Donaldson
Redacción: Sara Bonacum
Diseno de portada e interiores: Ashley Prine/Tandem Books

Producción de la edición española:
Traducción: Montserrat Ribas Casellas para Delivering iBooks & Design
Redacción y maquetación: Delivering iBooks & Design, Barcelona

Distribución exclusiva de la edición española:
Librero IBP S. L.
C/ Paseo de los Olmos, n.º 20
Planta 1.ª, Oficina 7
28005 Madrid, España
www.librero-ibp.es

ISBN: 978-84-1154-070-4
Impreso en China

Se han realizado todos los esfuerzos posibles para garantizar que la información recogida en este libro sea correcta. En caso de error u omisión al consignar los derechos de autor de las imágenes incluidas en la obra, Librero b.v. pide disculpas y se compromete a enmendar la información en futuras ediciones del libro.

Este libro ofrece información general sobre imágenes ampliamente conocidas y aceptadas que suelen evocar sentimientos de fuerza y confianza. No obstante, no debe considerarse una recomendación o una promoción de ningún diagnóstico o método de tratamiento específico para un problema de salud concreto. Asimismo, tampoco pretende sustituir el consejo médico o el diagnóstico y el tratamiento directos de una afección realizados por un especialista cualificado. Los lectores que tengan dudas sobre una dolencia concreta, un tratamiento o una posible reacción derivada de la enfermedad o de su cura deben consultar con un médico u otro profesional de la salud cualificado.

INTEGRAR LA SOMBRA

Su guía personal

Indigo Flores

Librero

ÍNDICE

INTRODUCCIÓN

Cuando pensamos en el «yo en la sombra» podríamos imaginar una terrorífica y oscura figura acechando en el fondo de nuestro subconsciente, esperando el momento justo para atacar. Tradicionalmente, la sombra se ha considerado la personificación de todos los aspectos negativos de la persona que hay que evitar a toda costa. Es una idea que asusta, pero la realidad no es tan temible. Hay algo de cierto en eso de que la sombra es nuestro lado «negativo», pero en realidad es la parte de nosotros reprimida o ignorada. Es la combinación de lo que no nos gusta de nosotros mismos, lo que nos han dicho que no nos debe gustar, y las partes a las que tememos enfrentarnos. A pesar de la incomodidad que representa examinar la sombra, es perfectamente posible no solo abordarla, sino aceptarla con plenitud como una parte de nosotros mismos.

La psicología de la sombra

Aunque el concepto de la sombra ha existido a lo largo de la historia de la humanidad y en diferentes culturas, fue Carl Gustav Jung, un psiquiatra suizo discípulo de Sigmund Freud, quien acuñó el término en la psicología moderna. La idea tras la sombra combina los conceptos freudianos del *id* (la parte de nuestro subconsciente que busca la satisfacción inmediata de todos los deseos, carencias y necesidades) y el ego (que busca satisfacer los deseos del *id* de formas realistas y socialmente aceptables). La sombra se forma durante la infancia, cuando el ideal del ego (la parte de nosotros que intenta proyectar una imagen perfecta a otros) rechaza los aspectos «indeseables» o «inapropiados» de nosotros. Como resultado, la sombra se hace más fuerte cuanto más se reprime y se intenta alejar. Jung creía que la única manera de detener el crecimiento y el poder de la sombra era integrarla en nuestro ser completo.

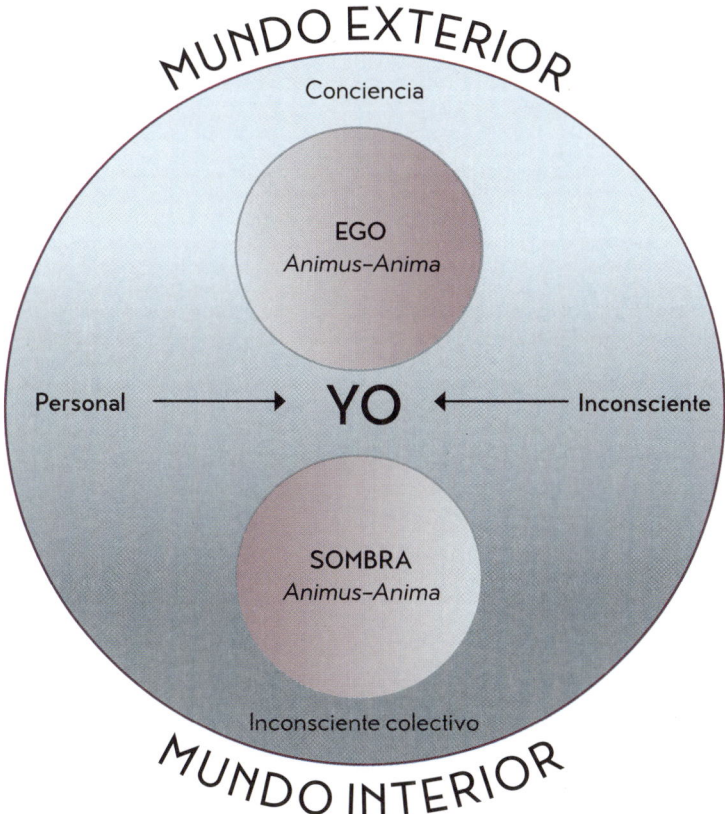

Como se representa en el diagrama, la sombra y el ego (tambien denomina-do *persona*) son los dos lados de nuestro ser aparentemente opuestos. El ego está construido por el mundo exterior: creencias culturales, la moral de nuestros cuidadores y lo que nos dicen que es aceptable; mientras que la sombra se com-pone del mundo interior: emociones, reacciones y sentimientos sobre el mundo exterior. Como ilustra el diagrama, la conciencia es la parte de nosotros de la que más nos percatamos. Es nuestra vida despierta. Es la parte que experimen-tamos y de la que somos conscientes cada día. También incluye la forma en que otros nos ven y cómo nos vemos a nosotros mismos. Jung pensaba que la mente consciente no representaba todo el ser. Para ser completos, debemos integrar la sombra. Este proceso se llama *individuación*. La individuación significa enfren-tarse al funcionamiento interno de nuestro subconsciente para tomar conciencia de ello. Una vez reconocido, el funcionamiento interno se puede integrar en la mente consciente. A partir de allí, podemos ver con claridad la persona que somos en el contexto personal y colectivo: lo bueno, lo malo y lo complicado.

Definición del trabajo con la sombra

El término «trabajo con la sombra» puede evocar imágenes de brujería o alguna otra práctica de ocultismo, pero esto es un error. El trabajo con la sombra se define como el proceso de combinar la sombra con el ego. Los métodos para lograrlo varían en extensión y según la necesidad. Un terapeuta guía a sus pacientes hacia los sentimientos y los aspectos de sí mismos que tal vez ignoran. Quizás no sepan por qué reaccionan de un modo tan intenso cuando oyen llorar a un niño, o no son capaces de describir por qué son insensibles a sus sentimientos. Un terapeuta va retirando poco a poco las capas para descubrir una verdad oculta y encontrar la sombra situada justo bajo la superfi-cie. Existen diferentes formas de terapia, como la psicote-rapia, la terapia artística o incluso la desensibilización y reprocesamiento por movimientos oculares (EMDR por sus siglas en inglés).

Aunque la terapia es la forma ideal de trabajar con la sombra por la presencia de una persona profesional y objetiva, también es algo que puede hacerse de forma individual. Lo que realmente se precisa es un diario (de papel o audio), bolígrafo, esta guía y la valentía para dar el primer paso, algo que ya ha hecho. El trabajo individual con la sombra depende también de la sinceridad y la autorreflexión; si no es capaz de ser sincero sobre lo que siente, o sobre dónde provienen sus reacciones, no lo logrará. El trabajo con la sombra eficaz significa observarse bien a sí mismo, cómo se presenta ante otros, quién es en realidad y quién quiere ser a partir de ahora.

Como humanos, somos seres complejos lejos de ser perfectos, por más que lo intentemos. Sepa que parte de lo que pueda averiguar podría causar sentimientos de vergüenza o embarazo, pero no deje que eso le detenga. Según Jung, la sombra comprende también la «sombra colectiva». Esto significa que toda sombra comparte rasgos similares con los que nos podemos identificar. Así pues, si siente vergüenza por una parte de sí mismo, sepa que incluso las personas que respeta y admira probablemente comparten esos rasgos.

Cómo utilizar esta guía

El libro debería leerse en orden, porque cada principio se basa en el anterior, y es preciso establecer algunos conceptos antes de dar paso a otros. Tenga en cuenta que tardará un tiempo en hacerlo debido a los recuadros de «Piense en ello» y «Pasar a la acción» repartidos por todo el libro. Estos recuadros contienen instrucciones que le ayudarán a dar un paso atrás para reflexionar o tomar medidas para descubrir su sombra. Por ejemplo, las sugerencias de «Piense en ello» son las que puede anotar y responder en su diario, y las de «Pasar a la acción» se centran en una actividad física y una acción a emprender. Todas ellas están concebidas para ayudarle a pensar y a profundizar.

El trabajo con la sombra tarda su tiempo. Dependiendo de aquello por lo que esté pasando, la condición de su salud mental o si está pasando por una situación extremadamente traumática, algunos expertos afirman que completar el trabajo puede durar desde unos pocos meses hasta años. E incluso entonces siempre seguimos aprendiendo. Así que no se preocupe si su avance por esta guía es lento. Tómese su tiempo; su sombra estará allí para usted.

❋ ❋ ❋

1

SACAR
LA SOMBRA
A LA LUZ

Ahora que hemos definido la sombra, el siguiente paso es sacarla a la luz. Esto puede parecer intimidante porque la sombra ha estado en un segundo plano un largo tiempo, y su ego la ha hecho más escurridiza aún, pero es perfectamente posible con un poco de perspicacia y paciencia. Antes de empezar, es importante destacar que podría resultarle difícil tomar conciencia de su sombra. Su ego ha estado intentando protegerle de ella tanto tiempo que quizás le impida profundizar. Ahora que desea invocar a su sombra, es posible que su mente quiera que permanezca oculta. Pero no deje que esto le frustre. Una vez descubra las herramientas, la sombra pronto saldrá a la luz. Según Tchiki Davis, doctorada en psicología social y colaboradora de *Psychology Today*, las cuatro fases del trabajo con la sombra son reconocer los aspectos de la sombra, etiquetarlos, identificarse con ellos e integrarlos. La primera fase es la más crucial porque la concienciación es el primer paso del cambio. En este capítulo examinará los temas de la aparición de la sombra y de cómo tomar medidas para que sus patrones se revelen de una forma clara.

Ejemplos de la sombra

Cuando empezamos a trabajar con la sombra resulta difícil identificar su comportamiento. Es incómodo y agobiante observarse a uno mismo con mirada crítica. La siguiente lista indica algunas de las formas en que la sombra puede hacerse notar en su vida.

Cómo se presenta su sombra

* Reacciones intensas ante los fallos de otros
* Juzgar con severidad a los demás
* Respuestas negativas ante la crítica
* Patrones de conducta persistentes

* El deseo de evitar la intimidad
* El aguijón de la humillación
* Desregulación emocional
* Recuerdos traumáticos repentinos
* Conductas o acciones impulsivas
* Pensamientos invasivos

Reacciones emocionales intensas ante los fallos de otros

No todo el mundo se lleva bien siempre. Algunas personas simplemente no encajan, y eso puede llevar a miradas recelosas, evitación o incluso fuertes sentimientos de antipatía, todo lo cual es perfectamente aceptable. Tal vez un compañero de trabajo es muy obstinado. No importa qué, dirá lo que le pasa por la cabeza, tanto si a la gente le gusta como no. Enojarse o incluso pasar de él son respuestas comunes, pero si siente disgusto o incluso rabia ante sus palabras, su sombra se está asomando. Algunas reacciones físicas serían que

se le pongan los pelos de punta, como si estuviera preparándose para luchar, o sentir calor a medida que se agita. Algo en esa persona provoca una reacción negativa en su sombra.

Juzgar con severidad a los demás

Es propio de la naturaleza humana juzgar a otros de diversas maneras. Podemos hacerlo con alguien que no sigue las reglas de nuestra cultura o sociedad. Podemos no entender a otros y llegar a conclusiones basadas en la ignorancia o la falta de entendimiento. Tanto si queremos admitirlo como no, a veces sienta bien criticar a otros. Pero hacerlo con frecuencia y con severidad es un signo revelador de la sombra. Tal vez juzgue a un compañero de clase que se comporta de modo diferente al resto. Tal vez vista de forma extravagante, lleve el cabello teñido de colores o destaque de alguna forma que usted considera inadecuada.

En lugar de aceptarlo como es o incluso ignorarle, puede que le saque falta a todo y no encuentre nada que le guste en él. Esta es su sombra proyectada en otra persona. No está de acuerdo con su forma de comportarse, así que decide que no hay nada bueno en ella. Sacar su sombra a la luz de esta manera le mostrará que existe una razón por la que juzga a otros con tanta severidad.

Respuestas negativas ante la crítica

Las críticas están por todas partes. Nos pasamos el rato criticando, ya seamos o no conscientes de ello. Criticamos los medios de comunicación que consumimos (¿esta es la mejor película del año?), la comida que tomamos (el sushi estaba muy soso) y, por supuesto, a las personas de nuestro entorno (qué pesada es). La crítica es algo que deberíamos admitir porque nos puede abrir los ojos y ayudarnos a crecer, por desagradable que sea. Una respuesta saludable sería la aceptación, discernir si los comentarios resultaron útiles o no, o incluso darle las gracias a la persona por ayudarnos a ver las cosas desde otra perspectiva. La sombra se revela si su modo de responder a la crítica —sobre todo la constructiva— es por ejemplo enfado, dolor, represalia o mezquindad. Es una aversión hacia todo lo negativo que inhibe la madurez necesaria.

Conductas persistentes en las relaciones

Las relaciones íntimas son oportunidades perfectas para que aparezca la sombra porque, en este estado, el ego se relaja y empieza la intimidad. Sin embargo, la intimidad da miedo y el ego debe arreglárselas entre mantener una buena impresión y revelar la sombra en pequeñas dosis razonables. Pero la sombra acaba manifestándose de diversas maneras. Una señal de que está apareciendo es cuando se siente demasiado receloso o desconfiado. Puede que esté a la defensiva porque se preocupa por si las personas cercanas tienen un motivo ulterior o están intentando manipularle. Este recelo es su sombra asomándose desde un miedo o trauma del pasado.

Otra señal es temer expresar sus necesidades. Quizás siga la corriente, tanto si quiere como no. Por ejemplo, tal vez su pareja quiera salir todo el tiempo pero usted prefiere quedarse en casa. En lugar de decirle que esa noche se queda en casa para recargar pilas, accede a salir y no le hace saber cómo se siente. Esta conducta refuerza la sombra al negarse a sí mismo lo que realmente necesita. Su sombra le obliga a mentirse a sí mismo y a los demás.

El miedo a ser vulnerable

Debido a la naturaleza protectora de la sombra, podría evitar por completo la intimidad, impidiéndole mantener una relación íntima. Cualquier relación fuera de las funcionales (jefes, compañeros de trabajo, vecinos, etc.) conlleva el potencial de intimar, y eso implica abrirse a la vulnerabilidad. Como resultado, puede que solo mantenga relaciones superficiales. Su ego quiere evitar a toda costa la vulnerabilidad, porque esta da paso a la posibilidad de resultar herido. Su ego colabora con su sombra para esconderse y no verse nunca expuesto a ello, por lo que está siempre protegido. Lo que la

sombra no sabe es que esto le impide tener un vínculo cercano en que sería aceptado tal como es. Pero esa idea da tanto miedo que se esconde y le esconde también a usted.

El aguijón de la vergüenza

La vergüenza es una emoción útil para el ser humano. Nos permite coexistir con otros. Por ejemplo, la vergüenza puede impedir que monte una escena en un restaurante simplemente porque se han equivocado con su pedido. También le ayudará a frenar sus impulsos más oscuros. Pero la vergüenza, si es excesiva, resulta extremadamente tóxica, hasta el punto en que humilla el espíritu. Y cuando siente el aguijón de la vergüenza por algo común o incluso inofensivo, es la sombra que se asoma.

Muchas personas se avergüenzan de ciertos rasgos físicos: el tamaño o la forma del cuerpo, el vello corporal o cualquier otra cosa que consideren un defecto. Esta vergüenza puede llevar a que se escondan de otros o a que se vistan de una forma que distraiga de esa característica. Algunas personas se avergüenzan por sus discapacidades, impedimentos o fobias, en especial en sociedades donde no están permitidas. Si siente vergüenza por el mero hecho de ser como es, eso es la sombra. La vergüenza se forma en la infancia, y crece con nosotros. No se sorprenda si este aspecto de su sombra es más difícil de sacar a la luz.

Desregulación emocional

Como su sombra no tuvo la oportunidad de respirar o expresarse, el ego también tiene dificultades para regular las emociones. Si el ego ha estado reprimiendo emociones no deseadas, seguro que saldrán a la luz. Pero como no han sido procesadas correctamente, lo harán con toda la fuerza y de forma incontrolada.

Imagínese que está con un grupo de personas intentando solucionar un problema. Todo el mundo aporta sus ideas, y usted también. Pero el grupo se decide por la idea de otro y usted se enfurece y exige saber por qué no eligieron la suya. Una respuesta correcta sería reconocer que la idea de la otra persona es la mejor para el caso, pero eso no tiene nada que ver con usted como persona. Pero la sombra no está tan avanzada todavía, así que siente un enfado que puede durar todo el día. Incluso aparecer en sueños.

Recuerdos traumáticos repentinos

El trauma presenta múltiples formas y se expresa de muchas maneras. Se oculta en el cuerpo, en su conducta, en su mente. Hay momentos en que se encuentra en una situación tranquila y de repente aparece un recuerdo traumático. Es intenso, puede dejarle sin respiración. Si observa que estos recuerdos aparecen de forma aleatoria, es su sombra pidiendo ayuda. Hay algo que le afecta de un modo tan profundo que irrumpe con fuerza en su consciente. Cuando esto ocurre, es su sombra diciéndole que debe enfrentarse a ello lo antes posible.

Si el momento no es adecuado, eso es precisamente lo que quiere la sombra, algo que fuerce su atención, que le obligue a actuar. La naturaleza aparentemente aleatoria se da porque la sombra está intentando vincular algo al recuerdo, cualquier cosa, para establecer una conexión con usted.

Conductas o acciones impulsivas

No todos los impulsos son malos. Hay momentos en que quiere probar algo nuevo y estimulante, pero no le apetece reflexionar demasiado sobre ello. Sin embargo, las conductas y las acciones impulsivas relativas a la sombra son muy diferentes. Algunas son el exceso (comer o comprar), participar en comportamientos de riesgo como el sexo sin protección o el consumo de drogas, los arrebatos emocionales o el dar excesiva información personal, en especial en momentos inadecuados.

Lo difícil de esta tendencia de la sombra es su naturaleza. Por definición, un impulso es algo que hace sin pensar demasiado en ello. Pero siempre puede revisar después su conducta, rastrear lo que pasó cuando se dio ese comportamiento impulsivo. Formúlese una serie de preguntas sobre el incidente impulsivo, y así tendrá una idea más clara de cuándo, cómo y por qué sucedió. Llevar un registro le ayudará a descubrir los patrones.

Piense en ello

* ¿Cuándo fue la última vez que actuó de forma impulsiva?
* ¿Cuál fue la causa?
* ¿De qué modo se manifestó? ¿Bebiendo o comiendo en exceso?

* ¿Cómo se sintió después?
* ¿Cuánto tiempo duró?
* ¿Cuándo y de qué modo acabó?

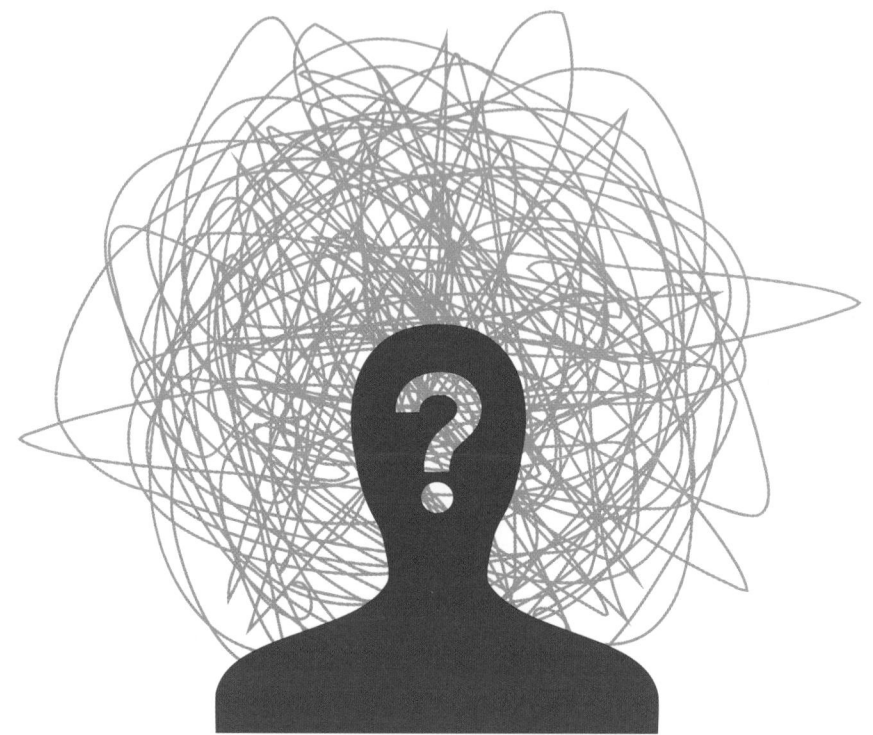

Pensamientos invasivos

Los pensamientos invasivos se presentan de muchas formas. Por lo general son de naturaleza sexual, violenta o negativa, y pueden ser turbadores y persistentes. Semejantes a recuerdos traumáticos, a veces este tipo de pensamientos llegan de forma aleatoria y se originan en la sombra. Un pensamiento invasivo se puede deber a la ansiedad, depresión o alguna enfermedad mental. El diálogo negativo con uno mismo es también algo común. Es posible que le encarguen un proyecto importante que es perfectamente capaz de llevar a cabo, pero los pensamientos invasivos del diálogo negativo toman el mando y de repente siente que no es capaz: «No puedo hacerlo. ¿Por qué pensé que sí podía? No tengo el suficiente talento para realizarlo. Voy a quedar como un idiota». Estos pensamientos le interrumpen y pueden llegar a paralizarle. Pero se trata de la sombra que le está indicando que existe una necesidad de cambio. Debe enfrentarse a algo para poder seguir adelante. La sombra a veces asume el papel de nuestro yo más joven, el que no pudo conseguir lo que quería o necesitaba, y ahora le suplica que haga algo al respecto. Por eso hay que sacarla a la luz.

Aplicar los ejemplos a su caso

Ahora que ya sabe más sobre cómo reconocer la sombra cuando esta aparece, el siguiente paso es examinar cómo trabajar con esas cosas en su propia vida. Si los ejemplos no se ajustan del todo a su situación, no pasa nada. Son solo un punto de partida para su trabajo con la sombra. Quizás esté de acuerdo con uno o con todos los puntos, pero en cualquier caso, está obteniendo información sobre su sombra, acercándola un poco más a su vida consciente.

Una forma de asociar eficazmente los ejemplos con su experiencia real es consultar con su yo superior. Su yo superior es usted sin las limitaciones del mundo humano. Su yo superior existe fuera del mundo natural y le conoce a la perfección. Para sintonizar con él, sería aconsejable rebajar sus ondas cerebrales. ¿Y eso qué significa? En este caso, existen cinco longitudes de onda cerebrales:

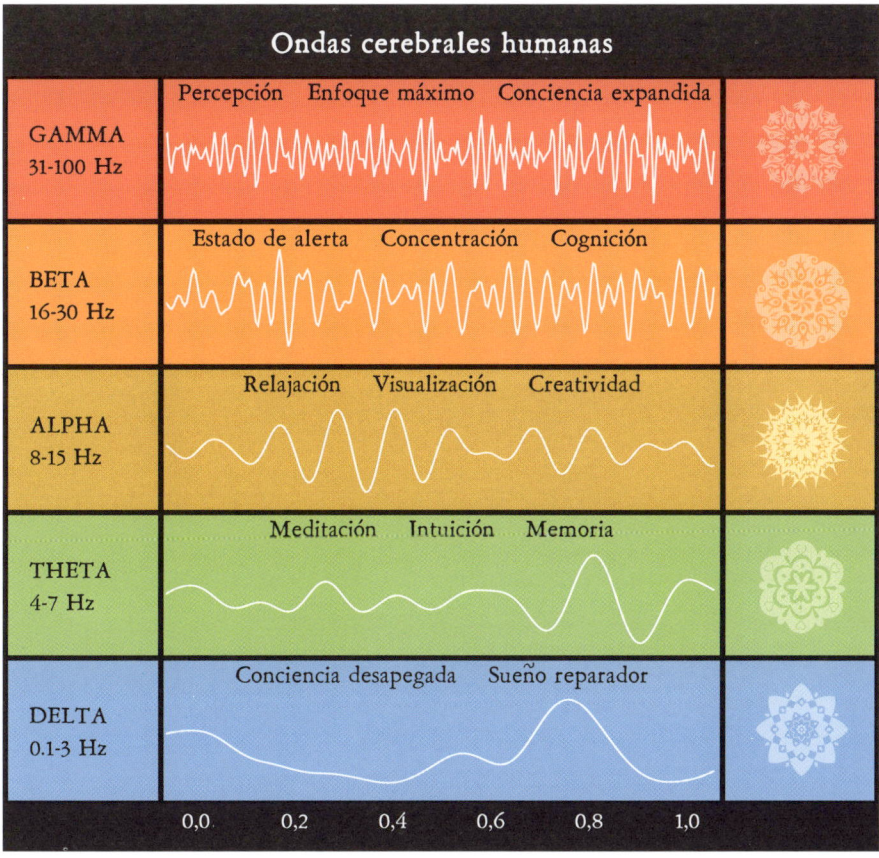

	Ondas cerebrales humanas	
GAMMA 31-100 Hz	Percepción Enfoque máximo Conciencia expandida	
BETA 16-30 Hz	Estado de alerta Concentración Cognición	
ALPHA 8-15 Hz	Relajación Visualización Creatividad	
THETA 4-7 Hz	Meditación Intuición Memoria	
DELTA 0.1-3 Hz	Conciencia desapegada Sueño reparador	

0,0   0,2   0,4   0,6   0,8   1,0

gamma, beta, alfa, theta y delta. Las ondas theta y delta son las de la meditación y la conciencia desapegada, perfectas para contactar con el yo superior.

Otro método es relacionar su sombra con quienes admira, aspira a ser o cualquiera con quien se sienta conectado. Para ambas actividades necesitará un bolígrafo, su diario y un lugar tranquilo donde no le molesten, y un poco de música si eso le ayuda a permanecer concentrado. La música puede ser muy relajante para el trabajo con la sombra porque calma los nervios o le sitúa en el estado de ánimo adecuado. Anote con qué ejemplos de la sombra de los indicados arriba se identifica. De momento no añada más información, pero deje espacio para notas adicionales.

Meditación para contactar con su yo superior

Lo maravilloso de su yo superior es que siempre está disponible para usted. Sabe lo que necesita y siempre está dispuesto a dárselo, por lo que no hay motivo para preocuparse de ser rechazado. Como el yo superior existe fuera del mundo humano, no juzga ni etiqueta. No está sujeto a los ideales culturales humanos. Existe en un reino de verdad. Una vez establecido el contacto, aprenderá algunas verdades esclarecedoras sobre sí mismo.

1. Encuentre un rato para esta meditación alejado de las distracciones. Siéntese en algún lugar cómodo.

2. Abra el diario por las entradas de «aparición de la sombra» que anotó basándose en lo leído anteriormente. Es importante tenerlo a mano para cuando se comunique con su yo superior.

3. Ponga un poco de música suave o cualquier otra cosa que le relaje. Tome tres respiraciones hondas cuatro segundos inspirando por la nariz y exhalando seis segundos por la boca. Esto calma el corazón y despeja la mente.

4. Imagine que la mente baja como si estuviera en un ascensor, pasando de las ondas gamma a las theta o delta. Ralentice la respiración y déjese llevar.

5. Imagine que el corazón y la mente están conectados por un cable, como si uno alimentara al otro. Visualice una antena que sale de la parte superior de la cabeza, indicándole a su yo superior que acuda a usted. Sabrá cuando llega porque notará una presencia que antes no estaba allí.

6. Una vez conectado, pídale a su yo superior que le muestre una ocasión en que reaccionó como en uno de los ejemplos cuando apareció la sombra. Anote todo lo que pueda de sus respuestas. También puede pedir imágenes o alguna otra pista. Repita para todos los ejemplos de la lista.

7. Una vez tenga las respuestas que necesita, dele las gracias a su yo superior e imagine la antena retrayéndose hacia la cabeza.

8. Tome unas respiraciones profundas.

Este es solo el principio, volverá a estas entradas del diario en el capítulo 2, así que téngalas a mano.

Reconocer su sombra en los demás

Si meditar o hablar con su yo superior le resulta intimidante, descubra su propia sombra en las personas de su entorno o en las que tienen influencia sobre usted. Esto puede parecer proyección, pero en realidad es la práctica de observar ciertas conductas que compartimos con otros para que nos sirva en nuestro trabajo. Todos compartimos la sombra colectiva, lo que significa que reconocemos la sombra en otros de diferentes grupos de edad, cultura, clase social, religión, etcétera. Para este ejercicio debe observar con quién se relaciona, conecta o incluso desprecia, para intentar relacionarlos con su propia sombra. Esto se aplica a cualquier persona que conozca: un famoso o figura pública, un personaje de televisión, novela o videojuego, o alguien vivo o muerto.

1. Encuentre un lugar tranquilo para pensar y escribir. Abra el diario por los ejemplos que antes anotó.

2. Piense en las personas que admira y anote en su diario la forma en que podrían relacionarse con su propia sombra. ¿Muestran la misma conducta que usted? Subraye cualquier cualidad que comparta con ellas.

3. Ahora piense en las personas con las que conecta. ¿Por qué conecta con ellas? Anote los atributos que comparten. A continuación enumere algunos de sus atributos negativos. Subraye los atributos negativos que comparte con ellas.

4. Por último piense en alguien que desprecie. Anote lo que desprecia de ella. Pregúntese por qué la desprecia o le gusta tanto odiarla. Anote los rasgos que comparten y subraye los más destacados.

5. Como paso adicional, anote las buenas cualidades de cada persona elegida y a continuación las suyas propias o las que le han dicho que posee. Subraye las que tengan en común.

Tras realizar estos ejercicios, incluso uno solo de ellos, debería tener una idea más clara de cómo es su sombra. Repítalos tantas veces como desee, pero sin exagerar. El objetivo es darle una imagen clara de por dónde empezar. No se deje vencer por la idea de que está compuesto básicamente de rasgos negativos. Por el momento, es solo su sombra actuando. En el capítulo 2 comprenderá mejor los atributos de su sombra y cómo estos entran en juego.

En este punto, su sombra debería haber empezado a adquirir una forma reconocible. En lugar de una figura misteriosa e inalcanzable, ya es capaz de verla con mayor claridad. Ha completado el primer paso de su trabajo con la sombra. A partir de ahora, utilizará lo aprendido y empezará a establecer las primeras conexiones con su yo en la sombra. No tenga miedo del trabajo que le aguarda, simplemente siga adelante con la mente y el corazón abiertos. Ha llegado el momento del descubrimiento.

✳ ✳ ✳

2

AHONDAR FORMANDO UNA CONEXIÓN CONSCIENTE

En el primer capítulo vimos como la sombra se expresa y aprendimos a tomar conciencia de ella. El paso siguiente consiste en abordar los aspectos de la sombra para conectarlos con su conciencia. Aunque puede parecer lo mismo que sacarla a la luz, esta fase se divide en tres partes centradas en definir la sombra en lugar de simplemente reconocer cómo se comporta. Esta fase implica detectar patrones, ir hacia atrás y luego identificar lo que realmente está sucediendo (un proceso también llamado descubrimiento).

Para empezar a abordar su sombra, primero debe concentrarse en reconocer las tendencias o patrones personales. En general, identificar patrones parece sencillo, pero reconocerlos en uno mismo no es tan fácil como observar un estampado en una prenda de vestir o un adorno en la pared. Requiere llevar la mirada hacia el interior y eso es siempre un reto. Es propio de la naturaleza humana no solo fijarse en las pautas, sino también seguirlas. A veces no vemos lo que son porque forman parte de nosotros, se han ido desarrollando a lo largo de nuestra vida. En este capítulo identificaremos los patrones mentales, emocionales y físicos influidos por la sombra, de los que tal vez no somos conscientes.

Patrones mentales

Los patrones mentales son las vías
—a veces automáticas— por las
que discurren sus pensamientos en
respuesta a su sombra. Existen dos
tipos de patrones mentales: conscientes e inconscientes; en otras palabras,
voluntarios o involuntarios. Aquí pro-
fundizaremos en los patrones mentales conscientes. Estos tipos de pautas
se van desarrollando con el tiempo.
La distorsión cognitiva es un patrón
mental o conducta habitual que incluye pensamientos de sesgo negativo.

Un ejemplo de ello sería no conseguir un empleo a pesar de que la entre-
vista fue bien y recibió comentarios positivos. Un pensamiento distorsionado
sería: «No causo gran impresión como candidato. Nadie quiere contratarme».
La dificultad con este tipo de pauta mental es que puede ser automática. No es
su intención pensar de forma negativa sobre sí mismo; es algo que ocurre. Pero
eso no es del todo cierto. La distorsión cognitiva se puede controlar e invertir,
con tiempo y práctica.

Piense en ello

★ ¿Qué patrones mentales cree que tiene? ¿Se identifica con los
ejemplos anteriores?

★ ¿Alguien le ha hecho notar que tiene un patrón mental? Si es así,
¿qué le dijo?

★ ¿Recuerda cómo se originó el patrón? ¿Quién o qué se
lo enseñó?

★ ¿Sus patrones mentales le hacen sentir mejor? ¿Le aportan algún
consuelo?

★ Si no es así, ¿qué le parecería librarse de ellos?

Otro patrón mental que puede aparecer es el de la supresión. La supresión es el acto intencionado de sofocar sus emociones típicamente «negativas». Tal vez tenga un día horrible, cuando nada va bien, y siente que pierde el control. En lugar de permitirse llorar o sentir sus emociones, se dice «espabílate». Esta es una forma de arrinconar sus problemas sin procesarlos ni resolverlos debidamente. Este tipo de comportamiento da más fuerza a la sombra y genera inestabilidad. Como puede imaginar, hará que sus emociones estallen cuando menos lo espere y en los momentos más inoportunos. Por ello, reconocer este y otros patrones mentales similares resulta crucial para conectar con su sombra.

Patrones emocionales

Cuando hablamos de «patrones emocionales» nos referimos a algo más de lo que siente por alguna cosa. Hablamos de respuestas emocionales coherentes a situaciones o circunstancias específicas. Por supuesto existen patrones emocionales comunes para todos, como sentir ansiedad al hablar en público o sentirse herido cuando los amigos le excluyen de sus planes. Pero en el trabajo con la sombra, estos patrones se manifiestan como respuestas a ciertos estímulos que agravan la sombra, porque esta consiste en un montón de sentimientos atrofiados: los estímulos tienden a exagerar y distorsionar los patrones emocionales.

Un ejemplo de esta conducta es una emoción exagerada durante una confrontación. Imagínese a un ser querido que le dice que un comentario que hizo usted el otro día le molestó. Podría ser cualquier cosa, incluso una broma inocente, pero se sintió herido por ello. El simple hecho de le echen en cara algo ya le hace llorar. No hay nada malo en las lágrimas, pero si esa persona no empleó palabras humillantes, le trató con respeto y le habló en tono amable, y a pesar de ello usted llora, se trata de una manifestación de la sombra.

Otro ejemplo es ponerse a la defensiva cuando cree que se ha cometido una injusticia contra usted. En lugar de hablarlo, empieza a recelar, como si las personas estuvieran tramando algo contra usted. Incluso puede acusar a otros de conducta maliciosa sin tener prueba de ello. Si observa que esto es algo que se repite, se trata de uno de sus patrones emocionales. Identificar las situaciones que suscitan emociones desagradables es el modo de descubrir patrones emocionales relacionados con su sombra.

Pasar a la acción

⋯⋯⋯◆◆◆◆◆⋯⋯⋯

★ Tome una grabadora (puede ser su teléfono móvil, un micrófono independiente o cualquier aparato que grabe la voz) y busque un lugar tranquilo donde pueda estar solo.

★ Basándose en lo aprendido hasta ahora, describa en voz alta un patrón emocional que crea tener. ¿Con qué frecuencia aparece? ¿Qué hace después de tener una reacción emocional? ¿Cómo sale de ese estado?

★ Después de grabarse, escuche sus palabras y analícelas. Anote en su diario todo lo que destaque y escríbalo sin juzgar. Simplemente fíjese en cualquier similitud.

★ Lea de nuevo lo escrito y finalice meditando sobre lo que ha descubierto.

Patrones físicos

En esta guía, los patrones físicos se definen como un conjunto de comportamientos que son una reacción a ciertas situaciones o estímulos. Es parecido a los patrones emocionales, pero en lugar de que las reacciones se expresen internamente, lo hacen externamente. Algunos patrones físicos comunes son rechinar los dientes, tensar los hombros, tragar con fuerza o incluso mover la rodilla por ansiedad. Estos tipos de reacciones son respuestas comunes a situaciones incómodas que no forman necesariamente parte de la sombra. Sin embargo, algunos patrones físicos no solo son indicativos de la sombra, sino también de algún trastorno.

Un ejemplo de ello es sufrir un ataque de ira y, para sobrellevarlo, destruir objetos de su entorno. Podría ser romper un lápiz, un plato o cualquier otra cosa. Este tipo de patrón es especialmente destructivo e indica una desregulación emocional, sobre todo si destruye lo que es propiedad de otros. Si este es su patrón físico típico, debe encontrar otra vía de expresión para la sombra. Destruir cualquier cosa que tenga delante es peligroso para usted y para los demás. Puede ser indicativo de un así llamado trastorno explosivo intermitente: arrebatos súbitos y repetidos de conducta impulsiva, agresiva y violenta, o estallidos verbales violentos. Puede incluir también gritar, despotricar o incluso arrojar cosas cuando está disgustado. Si le ocurre esto, por favor busque ayuda profesional. Le ayudarán a desenredar la sombra de su subconsciente.

Piense en ello

* Piense en alguna ocasión en que sintió ira.
* Reflexione sobre cómo reaccionó en esa situación.
* ¿Fue capaz de encontrar una forma saludable de manejarla?
* ¿Perdió el control y tuvo una reacción extrema?
* Pregúntese si cree que en momentos como esos se extralimita y, si es así, piense en buscar ayuda.

Calme el sistema nervioso

Si siente que va a sufrir un estallido violento, ya sea físico o verbal, le será de ayuda calmar su sistema nervioso.

1. Siéntese o túmbese en un lugar tranquilo y cierre los ojos.

2. Tome cinco respiraciones profundas. Inhale cuatro segundos por la nariz y exhale por la boca seis segundos. Si no se ha calmado después de cinco respiraciones, prosiga hasta conseguirlo.

3. Una vez tranquilo, reflexione sobre lo que su patrón físico hizo por usted. ¿De qué modo le hizo sentir mejor, y por qué en estos momentos es lo mejor que puede hacer?

4. ¿Qué podría hacer de forma diferente?

5. Registre sus respuestas en una grabadora o anotándolas en el diario si no puede expresarlas en voz alta.

Pida refuerzos

Hasta ahora ha realizado un fantástico trabajo usted solo, pero resultaría incluso más beneficioso contar con las opiniones de personas cercanas a usted. Las personas de su entorno saben reconocer patrones de los que usted podría no ser consciente. Esta actividad se basa en este hecho y le ayudará a tomar conciencia de patrones que podría ignorar. Algunos de ellos serán reveladores.

1. Planifique el modo en que quiere que discurra la conversación. Elija un método que después pueda repasar, como anotaciones o grabación de voz, un texto o un correo electrónico.

2. Pregunte a tres o hasta cinco personas qué patrones observan en usted. Incluya los ejemplos de los aspectos de la sombra del capítulo 1. Tome nota de cualquier ejemplo concreto que le den. Y no se olvide de darles las gracias cuando termine.

3. Tome sus respuestas y compárelas con las notas que escribió en el capítulo 1. ¿Encajan? ¿Está de acuerdo con las respuestas que le dieron? ¿Por qué está de acuerdo, o por qué no? ¿Qué aprendió?

4. Cierre los ojos y medite sobre estas respuestas. No juzgue ni etiquete. Simplemente sopese las respuestas y deje que su sombra se forme junto con sus pensamientos. ¿Se va perfilando su forma?

5. Asimile con calma esta nueva información y abra los ojos para finalizar el ejercicio.

Descubrir la verdad

La palabra oficial para ir hacia atrás en el contexto del trabajo con la sombra es «descubrimiento». Según la Asociación Americana de Psicología, descubrir es el proceso de ir retirando las defensas y síntomas del individuo hasta llegar a las raíces subyacentes del problema. Hasta ahora hemos hablado sobre los síntomas de la sombra, cómo se manifiesta y los patrones en que se expresa, pero en este apartado pasaremos del «cómo» al «por qué». Ahora tiene una idea mucho más clara del aspecto de su sombra y de sus patrones característicos, pero no hemos establecido las razones subyacentes a esos comportamientos.

El descubrimiento parece un proceso aterrador ya que saber el «por qué» resulta doloroso para muchas personas y hace falta cierto nivel de valor para afrontarlo. Por suerte usted ya ha demostrado lo valiente que es con el trabajo realizado hasta llegar aquí. El descubrimiento le dará mucha más información sobre qué es lo que activa la sombra y la verdadera razón de su aparición. Una vez descubierto esto, será mucho más capaz de conectar con ella e integrarla en su vida. Tan pronto como establezca una conexión, se verá a usted mismo y a su sombra con mayor claridad, y eso le permitirá conocerse a un nivel más profundo. En este apartado empleará diversas técnicas para descubrir la sombra, concretamente la libre asociación y la interpretación de sueños, conjuntamente con las anotaciones en su diario.

La libre asociación

¿Ha visto alguna vez una película donde alguien está tumbado en un diván hablando sin un propósito concreto con un terapeuta? Esto es lo que Freud llamaba «libre asociación». La libre asociación es el método de dejar que un paciente se relaje y hable sobre lo que quiera, para que el terapeuta pueda detectar patrones o temas en las palabras del paciente. Es una forma de dejar que alguien hable libremente sobre los detalles que para él son importantes o lo que considera interesante que otros sepan. A partir de ahí, el terapeuta hace preguntas para ir perfilando las pistas escondidas tras las palabras del paciente. La libre asociación resulta extremadamente beneficiosa e informativa porque es cuando las emociones de algunas personas salen a relucir, como cuando se quiebra la voz, un rápido desvío en la conversación, una pausa elocuente, etc. Todas estas respuestas indican qué contienen esos recuerdos y pensamientos, como dolor o vergüenza, y por ello es una herramienta tan valiosa. Utilizará esta técnica consigo mismo para establecer mejores conexiones.

Practicar la libre asociación con su sombra

Ha ido reuniendo mucha información hasta llegar a este punto y es hora de trabajar con ella. Con las notas que ya ha tomado, va a practicar la libre asociación con su sombra por primera vez. Para esta sesión, establecerá conexiones con una característica de su sombra que anotó en el primer capítulo y con un patrón mental, emocional o físico a través del cual se expresa la sombra. Cuando junte estas dos cosas, empezará a descubrir la verdad que hay tras la correlación.

1. Tome su diario y ábralo por las características de su sombra. Elija una y escríbala en una nueva página del diario. Haga lo mismo con los patrones y anótelo en la nueva página.

2. Mire la página y recuerde una ocasión en que la característica y el patrón aparecieron. Por ejemplo, si observa que no suele defender sus necesidades en las relaciones y, cuando esto ocurre, se cierra emocionalmente. Pregúntese por qué se cierra. ¿Es porque cree que no le escuchan y eso le hace renunciar? ¿Es porque sabe que no le escucharán, aunque diera a conocer sus necesidades?

3. Si es posible, grabe su respuesta en una grabadora. Permítase hablar con toda inhibición hasta que sienta que ha respondido a la pregunta.

4. Examine lo que dijo o escribió y detecte los temas. Para el anterior ejemplo, ¿observó que no se siente escuchado en la mayoría de sus relaciones cercanas o solo en algunas en particular? Si es así, ¿en cuáles? ¿Qué hacen esas personas para que usted no se sienta escuchado? Mencione una ocasión en concreto en que esto ocurrió, con todos los detalles posibles.

5. Pregúntese cuándo empezaron estos comportamientos. A partir de allí, pregúntese por la causa subyacente y la influencia que tuvo en su vida. Remóntese en el tiempo hasta donde recuerde.

6. Cuando crea que tiene su respuesta, tome unas respiraciones relajantes. La información que acaba de descubrir podría ser importantísima, y necesita tiempo para recuperarse.

7. Por último, dese un abrazo. Presione con suavidad al deslizar las manos arriba y abajo de los brazos. Este paso es crucial porque necesita cuidarse después de ahondar tan profundamente en su consciente. También puede pedirle a alguien cercano que le dé un abrazo.

Repita este ejercicio para todas las conexiones principales que ha establecido, a poder ser una vez por semana. Necesitará tiempo para procesar lo que ha aprendido sobre sí mismo y su sombra antes de pasar a otro elemento.

Pasar a la acción

Una manera de calmar su sistema nervioso es mediante los cinco sentidos: vista, oído, olfato, gusto y tacto. Escriba en su diario maneras de calmarse utilizando los cinco sentidos. Puede envolverse en una manta suave para un tacto agradable, prender una vela aromática por el olor, tomarse una deliciosa infusión, etcétera. Consulte esta lista cuando lo necesite e intente crear el espacio adecuado para emplear todos los sentidos a la vez.

Interpretación de sueños

Los sueños son uno de los grandes misterios de la ciencia; algunas personas sueñan en color, otras en blanco y negro. Algunas personas recuerdan perfectamente sus sueños, otras no. Algunos sueños son como películas, y otros son fragmentos aleatorios y caóticos. Todavía no sabemos con certeza por qué soñamos o incluso qué significan los sueños, aunque existen ciertas hipótesis. La teoría actual sobre el tema apunta a que los humanos sueñan para procesar las emociones (como aceptar experiencias difíciles), consolidar la memoria (convertir memorias de corto plazo en largo plazo), y para el rendimiento y la creatividad (utilizar los relatos de los sueños para mejorar el rendimiento creativo y favorecer la creatividad durante las horas de vigilia). Para el trabajo con la sombra, nos centraremos en el procesamiento emocional y en los sueños recurrentes más comunes.

Sueños recurrentes

Los sueños son algo muy personal porque todos están influidos por las experiencias vividas por la persona, las asociaciones, emociones y símbolos que para ella son importantes. Sorprendentemente, la sombra colectiva desempeña aquí un papel. A pesar de la personalización de los sueños, existen símbolos y acciones comunes que muchas personas experimentan constantemente. Esta es una lista de elementos que la sombra colectiva aporta a los sueños, su posible significado y por qué ocurren. Quizás no coincidan exactamente con sus sueños, pero le darán ideas para relacionarlos con sus propios sueños.

LOS SUEÑOS Y SUS SIGNIFICADOS

Elementos de la sombra colectiva	Significado	Causas
Dientes que se caen	Miedo a envejecer	Miedo intenso o rechinar de dientes
Estar en una casa o habitación	Aspectos de sí mismo no explorados	Estar en terapia o crisis de identidad
Sexo	Una manifestación de sus sentimientos hacia el sexo o deseos insatisfechos.	No practicar sexo o no sentirse satisfecho con el que practica
Infidelidad	Miedo a que le engañen o celos	Bajo nivel de intimidad en su vida
Armas	Sentimientos de poder o vulnerabilidad	Sentir que el poder no está en sus manos
Desastres naturales	Revisión de elementos estresantes traumáticos de su vida	Depresión, ansiedad o miedo
Seres queridos	Reflexión sobre el papel que desempeñan en su vida	Pensamientos sobre lo que admira en ellos o desea emular
Caer	Dejar ir o sentir que no controla	Por lo general provocado por sentimientos de agobio

Sus sueños pueden ser diferentes a los de la lista. Por ejemplo, tal vez sueña con frecuencia en mudarse a otro lugar, o en ciertos animales. Si este es el caso, téngalo en cuenta y explore sus significados.

Pasar a la acción

•••◆◆◆◆◆◆•••

★ Registre sus sueños recurrentes. Descríbalos con detalle en su diario.

★ Escriba sobre lo que suele ocurrir antes de estos sueños. ¿Estrés? ¿Miedo? ¿Amor? Establecer esas conexiones dará sentido a sus sueños y el por qué los tiene.

★ Céntrese en los relatos o patrones oníricos. ¿Cómo empiezan y cómo acaban? ¿Hay escenas que se repiten?

★ Fíjese en los símbolos y en lo que significan para usted.

★ Encuentre una manera creativa de expresar los sueños de forma más abstracta. Pruebe a pintar, esculpir o dibujar el modo en que le hacen sentir.

El trabajo con los sueños es muy útil para conectar con la sombra porque conecta directamente con los símbolos y con lo que más procesa su cerebro. Si descubre que no sueña, puede hacerse estas mismas preguntas sobre los medios de comunicación con los que interactúa. ¿Alguno de los símbolos listados aparece en sus interacciones cotidianas? Si es así, ¿qué significado tienen para usted?

Toque su sombra

Con toda la información que ha obtenido en este capítulo, ha descubierto su sombra y tiene una idea de lo que es y de lo que ha estado reteniendo durante tanto tiempo. Para completar el capítulo, contactará con su sombra de una forma que nunca había hecho antes. En este ejercicio tocará su sombra y, con suerte, se fusionará con ella para que le ayude a ser una persona completa, la que estaba destinada a ser. Y una vez lo haga, nunca será el mismo.

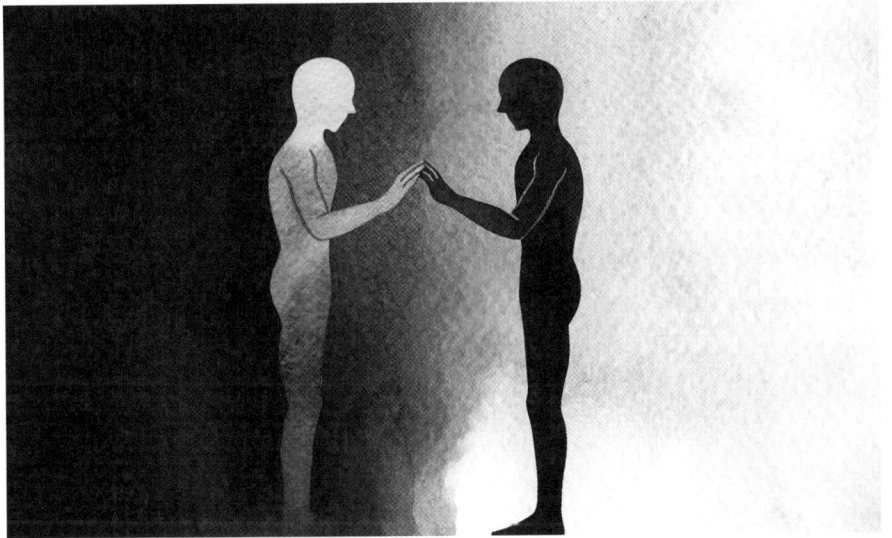

1. Encuentre un lugar tranquilo, libre de distracciones, donde haya un espejo.

2. Mírese en el espejo treinta segundos para establecer una conexión.

3. Avance la mano hacia el espejo y tóquelo.

4. Repita estas palabras: *Te veo tal como eres. Sé quién eres, y quiero que a partir de ahora formes parte de mi vida.*

5. Cierre los ojos e imagínese que su imagen en el espejo se fusiona con su cuerpo físico, llenando las partes de usted que está n vacías y convirtiéndole así en un individuo completo.

6. Abra los ojos y, si es posible, llévese las manos al corazón y sepa que su verdadero viaje empieza aquí.

✳ ✳ ✳

3

ACABAR CON LA MALDICIÓN GENERACIONAL

Cuando hablamos de maldición generacional, lo que realmente queremos decir es *trauma* generacional, que la familia puede experimentar como una maldición. Un trauma es cualquier experiencia perturbadora que provoque un significativo miedo, impotencia, disociación, confusión u otros sentimientos de suficiente intensidad para tener un efecto negativo duradero en las actitudes de una persona, su comportamiento y otros aspectos de su funcionamiento. Los orígenes de un trauma suelen ser los malos tratos, la discriminación, los desastres naturales, el racismo y la guerra: acontecimientos de gran envergadura que cambian a una persona para el resto de su vida. El trauma generacional ocurre cuando una persona está traumatizada y sin saberlo pasa ese trauma a sus hijos, nietos y otros miembros de la familia a través de sus comportamientos. Dependiendo de lo profundo que sea el trauma, se puede grabar en el ADN de una persona y, a partir de ahí, sus hijos lo heredarán, y luego los hijos de los hijos, y así sucesivamente, hasta que el tema se aborde y se resuelva.

El trauma se presenta de muchas maneras en la vida de una persona, incluso físicamente. Algunas señales físicas del trauma son el dolor crónico y las enfermedades autoinmunes. La forma mental puede ser ansiedad, depresión, trastorno por estrés postraumático (TEPT), desconfianza y baja autoestima. Emocionalmente puede resultar en mecanismos de afrontamiento erróneos como juegos de azar o alcohol, sensación de inseguridad, estrés y cambios de humor. A menudo a las personas les cuesta abordar el trauma generacional porque algunas familias se niegan a reconocerlo, y en lugar de ello lo esconden o hacen ver que no existe porque afrontarlo les resulta demasiado doloroso.

Otros saben que algo va mal, pero carecen del lenguaje para describirlo. Para ellos, su familia es así, y creen que no pueden hacer nada al respecto. La buena noticia es que abordar el trauma generacional no solo es posible, sino obligatorio en el trabajo con la sombra. Su sombra salió de alguna parte, y su familia también. Todos tienen una historia en su origen y un papel en su formación. En este capítulo reconocerá el trauma de su familia y hallará formas de romper el ciclo para que sus sombras colectivas encuentren la paz; eso da paso a la segunda fase de identificarse con los aspectos de su sombra.

Este capítulo puede resultar un poco duro de completar, porque el trauma de cada persona es diferente, ya sea en su gravedad, el tiempo que hace que existe o los factores que contribuyeron al mismo. Se le pedirá que consulte a su familia para que le cuenten sus experiencias e historias. Es el inicio de la tercera fase: identificarse con los aspectos de la sombra. Estos le ayudarán a poner las cosas

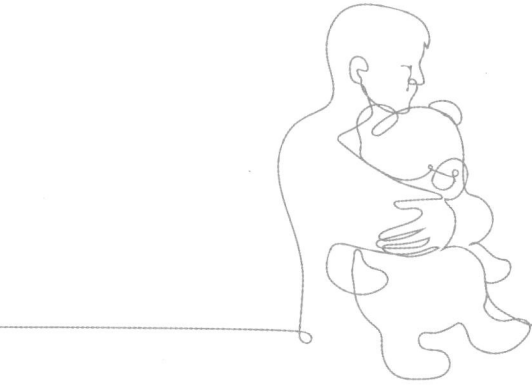

en perspectiva para sanar su trauma y seguir adelante tras aprender del mismo. Incluso si no tiene contacto con su familia, este capítulo le resultará beneficioso. Es imposible controlar las acciones de otras personas, pero sí puede cambiar la forma en que responde a las acciones de otros.

Identificar los síntomas

El primer paso para resolver cualquier problema es identificarlo. Esto podría resultarle difícil porque creció con los síntomas. Para usted quizás sean algo normal e inofensivo si no se ha tomado el trabajo de desentrañarlos. Pero el trauma generacional se presenta de muchas maneras. Algunas de ellas son un maltrato persistente, narrativas familiares dañinas y abandono emocional. Este capítulo es intenso, así que tómese todos los descansos que necesite y procúrese algún cuidado personal después de cada ejercicio.

Señales de malos tratos

Los malos tratos forman un círculo vicioso. Un niño puede experimentarlos al crecer y convertirse a su vez en abusador sin tener intención de hacerlo. Empieza con una persona y muy a menudo pasa a otra porque, dependiendo del maltrato, resulta difícil de diagnosticar, sobre todo si no hay signos evidentes como cicatrices o moratones. *Psych Central* enumera estas categorías como los diferentes tipos de abusos y el modo en que se manifiestan.

★ **Maltrato físico:** golpear o pegar a una persona con las manos o algún objeto; acciones como encerrar a alguien en un armario u otro espacio reducido, no dejarle dormir, sujetar físicamente a alguien, por ejemplo con una cuerda.

- **Abuso sexual:** contacto sexual inapropiado entre un niño y un adulto o alguien con autoridad sobre el mismo, como padre o madre, cuidador, jefe, profesor o líder de la comunidad; incluye comentarios verbales, caricias o besos, o relación sexual consumada o no.

- **Maltrato verbal:** menospreciar, insultar, etiquetar o ridiculizar a una persona de forma sistemática y constante; puede incluir amenazas, gritos y desvaríos.

- **Abuso emocional o psicológico:** implica la destrucción maliciosa de la mascota o la propiedad de alguien; chantaje emocional (amenaza de suicidio como herramienta de manipulación); incluye un comportamiento menos extremo, como dar a alguien un tratamiento silencioso, avergonzarlo o humillarlo delante de otros o castigarlo por recibir elogios.

- **Maltrato intelectual o espiritual:** castigar a alguien por tener intereses intelectuales o creencias religiosas diferentes al resto de la familia; impedir que asistan a oficios religiosos y ridiculizar sus opiniones; algún otro maltrato que se justifica con la religión.

Piense en ello

· · · · · · ◆ ◆ ◆ ◆ ◆ · · · · · ·

★ ¿Qué tipo de malos tratos ha experimentado?
★ Cuando examina su comportamiento, ¿detecta la manifestación de las características del maltrato? ¿De qué manera?
★ Como estos comportamientos pueden ser prácticamente automáticos, ¿de qué forma puede evitar mostrar la conducta abusiva?
★ Piense en formas de perdonarse por los impulsos y siga adelante de una forma más positiva.

Es posible que pueda detectar uno o varios tipos de maltrato en su familia. Tal vez usted mismo ha mostrado algunos de estos comportamientos y los está reconociendo por primera vez. El maltrato, por muy perjudicial e impactante que sea, puede acabar una vez se reconoce. Solo porque el maltrato persistió durante un tiempo no significa que seguirá eternamente. La capacidad de cambiar siempre está presente. Si cree que ha sufrido malos tratos en su familia, este es el primer paso para conseguir ayuda.

Si todavía vive cerca, o depende de su familia o compañero maltratador, y permanece en la misma situación, su prioridad es irse cuanto antes y de la forma más segura posible para continuar trabajando sin miedo. Como los maltratadores captan cuando uno se está alejando de ellos, utilizarán cualquier oportunidad para obligarle a volver y frenarán su trabajo con la sombra. Si está lejos y a salvo de sus maltratadores, aproveche la oportunidad para identificar las formas de maltrato a las que se vio sometido y utilícelas como guía para seguir adelante, para tener palabras con las que expresar sus experiencias. Después utilice esa información con un profesional mientras continúa con su trabajo con la sombra. Si todavía se encuentra en una situación abusiva, llame a la policía, a un amigo de confianza o a un miembro de la familia, o recurra a los recursos locales.

Historias familiares dañinas

Las historias que cuentan nuestras familias son cruciales para formar nuestra identidad. También son una forma de anclarnos a nuestros familiares, a su historia y el lugar que ocupamos en ella. Compartir historias con la familia favorece el entendimiento y la conexión con todo el grupo. Anclándose en la historia familiar desarrollará una sensación de seguridad que podría darle confianza en sí mismo. Es una oportunidad de aprender unos de otros y de explorar —incluso celebrar— nuestras diferencias. Contar historias posee un inmenso poder para moldear a las familias y sus mentalidades, actitudes y conexiones en general. Por eso las historias familiares dañinas tienen tanto impacto en todos los implicados. Forma parte de la maldición generacional.

Digamos que su familia ha tenido que abandonar su país natal y emigrar a otro. El lugar puede haber sido destruido por una guerra o actos de violencia, lo que en sí mismo ya genera traumas, pero tener que abandonarlo todo y mudarse a un lugar desconocido, con poca ayuda, puede causar traumas mayores.

Piense en ello

★ ¿Cuál es el relato de su familia?

★ ¿Quién perpetúa la historia?

★ ¿La cree usted?

★ ¿Cuál cree que es realmente la historia?

★ ¿Cuál quiere que sea la historia?

★ ¿De qué forma se ha ido transmitiendo el trauma?

★ Si se rompiera la cadena de traumas generacionales, ¿cuál sería la situación?

Lo que queda es un linaje de lucha que se percibe como el factor definitorio. La cuestión es que nunca se está a salvo del todo y se está predestinado a luchar. Historias como esta, centradas únicamente en lo negativo, moldean a la siguiente generación, añadiendo más leña al fuego de la maldición generacional.

Abandono emocional

El abandono emocional puede parecer un acto voluntario, pero para muchas personas no lo es. Es algo que ocurre cuando los padres no proporcionan la validación emocional y el cuidado que sus hijos necesitan, a menudo porque ellos tampoco lo recibieron. Les es imposible ofrecer lo que no tuvieron. Se puede manifestar como pasividad por parte del cuidador, que solo piense en el trabajo o que solo alabe al niño cuando este consigue algo. Algunos padres querrían apoyar y cuidar de sus hijos, pero simplemente no son capaces de hacerlo. Puede que estén deprimidos, enfermos, afligidos o luchando por mantener a flote el hogar. El resultado es que los hijos no se sienten apoyados. Además, algunos cuidadores están demasiado centrados en sí mismos para dar amor y consuelo a sus hijos. Esto incluye a los tutores narcisistas o autoritarios.

Debido a esta negligencia emocional, la familia no se percibe como un lugar donde reina el afecto. Por el contrario, puede resultar confusa, dolorosa y emocionalmente dañina. Para romper este ciclo, la persona afectada debe aprender a quererse a sí misma y a compartir ese amor con los demás.

Acabar para siempre con la maldición

Descubrir los síntomas del trauma generacional puede ser una experiencia dolorosa, pero también reveladora. Supone un reto descubrir la forma en que se ve a sí mismo y a su familia, o las historias que se cuenta. Por muy difícil que le resulte, sepa que está un paso más cerca de romper el ciclo. Tardará un tiempo en aceptar lo que descubra, pero una vez acepte la nueva información podrá trabajar para cambiar la situación a mejor. El trauma generacional presenta numerosos síntomas, pero también tiene muchas soluciones. Según la pediatra Candice Jones, que participa en las charlas TED, las tres «R» de la curación son: reconocimiento, resiliencia y recuperación. Usted ya ha empezado a «reconocer», pero quizás necesite todavía un tiempo para procesar del todo lo que ha descubierto. Es importante reconocer hasta dónde alcanza el trauma para poder abordarlo y empezar a sanar. Una vez esté preparado, pasará a la fase siguiente, la resiliencia.

Desarrollar resiliencia

La resiliencia es el proceso y el resultado de adaptarse con éxito a las experiencias desafiantes de la vida, sobre todo a través de la flexibilidad mental, emocional y conductual, y un ajuste a las demandas externas e internas. Tal como sugiere la definición, desarrollar resiliencia requiere un enfoque múltiple. Mentalmente se trata de cambiar la narrativa familiar (o incluso solo la suya) a otra positiva. Siguiendo el ejemplo anterior, si su familia tuvo que abandonar las

dificultades de su país natal solo para encontrarlas en otro, eso no significa que su familia esté predestinada a luchar. Lo que significa es que todos sus miembros poseen la tenacidad para superar la adversidad. Usted es fuerte y capaz de sobrevivir aun cuando las probabilidades estén en su contra. Otro enfoque sería cambiar los patrones mentales dañinos, como reducir el nivel del diálogo interior negativo y el echarse la culpa. Mentalmente tiene que dirigirse hacia una perspectiva más positiva y realista. Una vez haga estos cambios, el control que el trauma generacional tiene sobre usted disminuirá.

Desarrollar resiliencia emocional es rodearse de personas que le apoyen y le den seguridad, con las que pueda ser sincero y tener conversaciones significativas. Esto incluye a su familia, amigos, personas de su comunidad religiosa o su terapeuta. Con ellos querrá expresar lo que siente, escuchar sus comentarios y en general sentirse cómodo y seguro. Uno de los pasos más importantes es mantener una comunicación abierta y sincera con su familia. Pregúnteles por sus historias y escuche atentamente lo que tienen que decir. Si usted es un cuidador, cuénteles a sus hijos su propia historia de un modo adecuado a su edad. Pregúnteles qué piensan. Si está alejado de su familia o no puede hablar con ellos, concéntrese en lo que le dijeron en el pasado y utilícelo como punto de partida.

La parte más importante de este paso es ser compasivo consigo mismo y con las personas de más edad de su entorno. Tanto si tiene buena relación con ellas como si no, probablemente hicieron lo que en su momento creyeron era lo mejor para ellos o su familia. Fomentar un sentido de compasión empezará a erosionar los sentimientos de amargura o resentimiento. Y eso es necesario para una auténtica sanación.

Recuperación

El concepto de Jones de «recuperación» se basa en los aspectos conductuales del desarrollo de la resiliencia. Aquí es donde empieza a dirigir la mirada hacia su cuerpo y los cambios que puede hacer para recuperar su salud. Estas son algunas formas comunes para que el cuerpo se restablezca:

★ **Actividad física:** cualquier acción física que estimule el cuerpo (pero no lo suficiente para estresarse). Por ejemplo danza, yoga, estiramientos, dar un paseo, qigong y otros ejercicios de movimiento.

★ **El tacto:** tocar es algo muy importante para el ser humano. Estimula la oxitocina, denominada la hormona del amor, que se ha demostrado mitiga el estrés. En este caso, abrace a alguien veinte segundos o sostenga su mano.

★ **Tome más grasas saludables:** debido a la cultura de las dietas, quizás crea que debe abstenerse de tomar grasas, pero la verdad es que existen grasas saludables que el cuerpo necesita. La mielina es un recubrimiento que protege las células nerviosas. Es una capa aislante que se forma alrededor de nervios como los del cerebro y la columna vertebral. La mielina se compone de proteína y sustancias grasas. Permite que las células nerviosas transmitan impulsos eléctricos con rapidez y eficacia. Si se daña la mielina, estos impulsos se debilitan. Comer grasas saludables, como las de la dieta mediterránea, ayudará a mantener en buen estado este recubrimiento protector.

★ **El aire libre:** pasee, haga senderismo o vaya a la playa si le es posible. El ser humano está hecho para estar al aire libre, y conectar con la naturaleza es una de las formas en que puede recuperar la paz interior. Escuche a los pájaros, huela la tierra y conviértase en uno con su entorno.

★ **Encontrar un propósito:** encontrar un propósito es una de las mejores cosas que puede hacer por sí mismo. Usted es mucho más que su trauma, y siempre lo ha sido. Puede que desconozca su propósito, pero no pasa nada. La mayoría de las personas tampoco lo sabe, pero no es algo que tenga que esperar a que llegue. Es algo que puede crear. Descubrir qué le gusta hacer o a qué dedicarse le ayudará a crear un propósito que existe por sí mismo, sin vergüenza ni trauma.

✹ ✹ ✹

4

AFRONTAR EL TRAUMA Y RECUPERAR EL PODER

Los síntomas del trauma generacional varían muchísimo dependiendo de la historia y las experiencias familiares. La forma en que abordamos este trauma se denomina «mecanismo de afrontamiento». Estos mecanismos de supervivencia son pensamientos y comportamientos para tratar con cualquier situación estresante o que se percibe como estresante. Pueden ser saludables o no saludables. Los diferentes tipos de mecanismos de afrontamiento saludables incluyen el afrontamiento centrado en la emoción, el centrado en el significado, el centrado en la evitación y el centrado en lo social. Estos tipos de mecanismo fomentan la resiliencia y la regulación emocional. En lugar de evitar situaciones incómodas, la persona las aborda, las siente mientras las atraviesa y las deja atrás. Hablaremos de ello más adelante en este mismo capítulo. En cambio, los mecanismos de afrontamiento no beneficiosos producen lo contrario. En lugar de ayudarle a abordar el problema, le permiten evitarlo. Algunos incluso lo impulsan hacia el futuro, ofreciendo así una solución temporal en el presente, pero una situación mucho más ardua en el futuro.

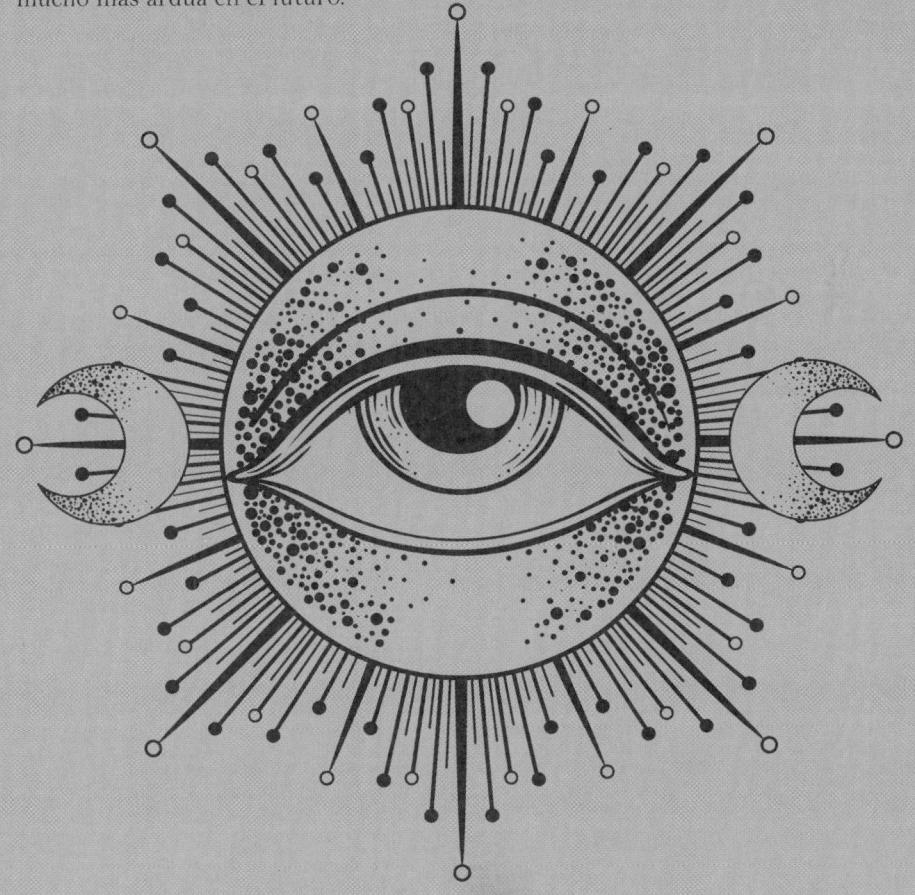

Los mecanismos de afrontamiento no saludables se forman según nuestra personalidad, normas culturales y experiencias pasadas (en especial en la infancia). Podemos haberlos aprendido de personas con las que crecimos, o quizás leímos sobre ellos o los descubrimos nosotros. Es difícil soltarlos porque nos han proporcionado cierto tipo de consuelo y se han convertido en algo familiar. Pero es importante destacar que en realidad no nos ayudan tanto como creemos. En este capítulo aprenderá las diferencias entre mecanismos de afrontamiento saludables o no saludables, y cómo cambiar a métodos mejores.

Cómo el trauma afecta al cerebro

El trauma afecta a numerosas partes de la vida y del cuerpo. Cuando experimentamos un trauma, cuatro partes diferentes del cerebro entran en acción para abordar el origen del mismo: la amígdala, el hipotálamo, el hipocampo y el córtex prefrontal. Cada uno de ellos desempeña un papel en trasladarle de inmediato a un lugar seguro. Forman parte del sistema límbico que procesa la emoción, la memoria y la regulación del comportamiento. Cuando ha experimentado un trauma, estas partes del cerebro se activan, en especial si la causa del mismo sigue presente en su vida. Su cerebro se concentra en hallar una forma de sobrevivir al trauma estando constantemente atento a su entorno en lugar de pensar de forma racional.

La respuesta del cerebro ante el trauma			
Amígdala	Hipotálamo	Hipocampo	Córtex prefrontal
El centro de alarma	El director de operaciones	El biógrafo	El director ejecutivo
Detecta amenazas	Libera las hormonas del estrés	Recupera recuerdos del pasado	Analiza información y prepara una respuesta
Inicia la respuesta al estrés	Le prepara para huir o luchar	Anticipa lo que ocurrirá	Prepara un plan para responder al estrés

Es por ello que tendemos a desarrollar mecanismos de afrontamiento. Muchos empiezan en la infancia porque es cuando somos más vulnerables. Dependemos de las personas del entorno para que nos ayuden y nos cuiden. Y si esas mismas personas son las que nos hieren, tenemos que inventar *algo* para aliviar el dolor. Así es como empiezan los mecanismos de afrontamiento.

Mecanismos de afrontamiento no saludables

En este apartado examinaremos los mecanismos de afrontamiento que resultan negativos y por qué los empleamos. La siguiente sección habla brevemente de las autolesiones. Si esto es un desencadenante para usted, y necesita evitarlo, sáltese la siguiente sección y siga a partir del tema del abuso de sustancias. No exponerse a desencadenantes antes de haber trabajado con el dolor, o trabajar sobre el tema con un profesional, es un buen mecanismo de afrontamiento.

Autolesiones

Autolesionarse es adoptar una conducta intencionada para dañarse a sí mismo. Puede consistir en cortarse, pellizcarse, golpearse o tirarse del pelo. Esto se produce porque es una manera de «sentir algo» durante periodos de insensibilidad o como forma de autocastigarse. Lo más insidioso de este mecanismo de afrontamiento es que es autosuficiente. Si la idea es castigarse, y sabe que autolesionarse es malo, ese podría ser el catalizador para lesionarse de nuevo. El alivio que proporciona se ve eclipsado por el ciclo de dolor y repugnancia que lo acompaña.

Abuso de sustancias

Este mecanismo de afrontamiento consiste en utilizar drogas para anestesiar los sentimientos intensos e incómodos. Los típicos medios que se emplean son el alcohol, las drogas recreativas como la cocaína o metanfetaminas, o analgésicos con receta como oxicodona o fentanilo. El abuso de sustancias parece funcionar porque, para muchos, sustituye un sentimiento negativo por otro positivo. Algunas personas se sienten más valientes o más relajadas cuando toman alcohol. La cocaína es un estimulante que hace que se sienta con más energía, especialmente si sufre de fatiga crónica. Y los analgésicos acaban con el dolor, y eso es algo que parece muy positivo cuando el dolor es constante.

Pero la parte negativa del uso de sustancias es que acaba fácilmente en adicción. Al principio solo necesitará una botella o una dosis, pero con el tiempo necesitará una caja entera para pasar el día. La adicción trastorna y destruye la vida de una persona. Si sufre de abuso de sustancias, busque ayuda de inmediato. Usted se merece algo mejor.

Aislamiento

Para muchas personas, el aislamiento es un mecanismo de afrontamiento necesario porque necesitan tomarse un descanso de los demás. Las personas neurodivergentes —como las autistas—, los introvertidos y las personas altamente sensibles recurren al aislamiento para recargarse y recuperarse. Esto se considera un aislamiento temporal. Dura el tiempo justo para darse a sí mismo un poco de espacio, pero no se cierra del todo al mundo.

Este mecanismo de afrontamiento se convierte en un problema cuando el aislamiento es prolongado. Saltarse un evento de vez en cuando está bien si necesita cuidarse, pero si se aísla continuamente, se aleja de sus seres queridos y se evade todo el tiempo, entonces el aislamiento le hace más mal que bien. Es infinitamente más fácil distraerse de sus problemas cuando no hay nadie cerca para evitarlo. Necesitamos el contacto humano para mantenernos sanos.

Comer en exceso o demasiado poco

Comer en exceso, a menudo denominado «alimentación emocional», es cuando alguien come para calmarse, no para saciar el hambre. Es posible que haya oído la expresión «comida reconfortante». Este tipo de comida proporciona consuelo o una sensación de bienestar, porque suele tener un elevado contenido en azúcar o hidratos de carbono, y se la asocia con la infancia o la comida casera. La alimentación emocional se basa en este tipo de productos para proporcionar no solo confort sino la nostalgia asociada con ello, que resulta tranquilizante. Es otro mecanismo de afrontamiento que genera un círculo vicioso. Come para sentirse mejor, pero comer más produce vergüenza en una sociedad que fomenta la delgadez, y ese sentimiento se oculta comiendo todavía más.

Por otro lado, el comer demasiado poco es tomar menos alimentos de los que necesita. Es un tipo de control cuando se siente impotente. Tal vez no puede controlar la situación en la que se halla, pero sí lo que come y en qué cantidad.

De modo similar a comer en exceso, el comer demasiado poco es perjudicial porque priva a su cuerpo de lo que necesita para funcionar, y eso le hace sentir peor. Puede llegar a ser fatal; cada año 10 200 muertes son el resultado directo de un trastorno alimentario.

Preocuparse en exceso

El preocuparse en exceso, denominado también «pensamiento catastrófico», es el acto de inquietarse preparándose para lo peor. Preocuparse es una reacción perfectamente normal ante una situación estresante. De hecho, una preocupación moderada y bien enfocada resulta eficaz: mejora el rendimiento académico, estimula los preparativos o ayuda a abandonar los malos hábitos. Pero cuando se preocupa constantemente, como modo de prepararse para lo peor, está intentando predecir una amenaza antes de que pueda afectarle. Puede parecerle mejor predecir el futuro, pero en realidad se está causando un estrés innecesario. Porque esas situaciones catastróficas casi nunca se hacen realidad. Y el estrés crónico provoca problemas digestivos, dolores de cabeza, tensión y dolor muscular, dolencias cardíacas y otros problemas. Simplemente no resulta eficaz.

Diálogo interior negativo

Aunque parezca una estrategia protectora que nos ahorra algo malo, el diálogo negativo con uno mismo distorsiona nuestra percepción de la realidad. Por ejemplo, este tipo de diálogo incluye pensamientos de todo o nada (denominados también de blanco o negro), descalificar lo positivo (descartar completamente lo bueno de cualquier situación, en favor de lo malo), magnificación y minimización (hacer las cosas más grandes de lo que necesitan ser o más pequeñas de lo que realmente son, normalmente por un sesgo negativo), o afirmaciones del tipo «debería» («Debería haberme levantado más temprano». «Debería haber sabido que no era de fiar»). Es una estrategia disfuncional.

Autoculpabilizarse es el acto de culparse a uno mismo por un mal resultado. Intentar buscar un culpable es una tendencia natural en el ser humano, pero este mecanismo de afrontamiento dirige toda la culpa hacia la propia persona, con o sin razón para ello. Satisface la necesidad de encontrar a quien culpar. Autoculparse puede verse como autocrítica o incluso como una forma de mejorar en el futuro señalando sus defectos. Pero en realidad está perpetuando una imagen negativa de sí mismo que le hace mucho más mal que bien.

Pasar a la acción

Escriba en su diario, al lado de cada uno de los puntos siguientes, una forma en la que ha mostrado ese tipo de diálogo interior negativo. A continuación, escriba la forma en que podría convertir ese diálogo en algo positivo.

1. Pensamiento de todo o nada
2. Descalificar lo positivo
3. Magnificación o minimización
4. Afirmaciónes de «debería»
5. Culparse o criticarse a sí mismo

Gastar en exceso

Es posible que haya oído antes la expresión «terapia de compras». Es la práctica de comprar más de lo necesario para tranquilizarse. Está en nuestra naturaleza coleccionar cosas, ya sea ropa, coches o cristales. Tener una colección es algo inocuo, si le apasiona y se lo puede permitir. Pero si ve que cada vez que está estresado o angustiado compra y acumula cosas, se trata de un mecanismo de afrontamiento. Comprar algo nuevo produce una sensación agradable, pero al cabo del tiempo pierde el interés y acaba teniendo un montón de cosas que no necesita. El ciclo continúa una vez la sensación agradable desaparece, así que no solo acumula cosas innecesarias, sino que necesita mantener esa sensación, lo que significa gastar más dinero en nuevas adquisiciones.

Pasar demasiado tiempo frente a una pantalla

Hoy día nos vemos constantemente expuestos a pantallas: nuestros teléfonos, ordenadores, tabletas, televisores y vallas publicitarias electrónicas. No podemos evitarlas, pero sí existe una línea divisoria si el tiempo que pasamos frente a las pantallas va más allá del trabajo, las relaciones sociales o la relajación. Un ejemplo es el consumo de noticias negativas, *doomscrolling* en inglés: tragarse un montón de malas noticias que vamos encontrando en las redes sociales o en Internet en general. Otro es dedicar tanto tiempo a jugar a los videojuegos de forma compulsiva que interfiere con nuestra higiene, interacciones sociales o trabajo cotidianos.

Internet puede ser un lugar tranquilizador porque hay muchísimas cosas que ver, leer o interactuar con ellas, pero si lo usa como muleta, lo que hace es impedir que se enfrente directamente a sus problemas. Al contrario, los evita con incesantes flujos de contenidos que le hacen sentir peor. También es un mecanismo de afrontamiento que consume mucho tiempo, y puede pasar horas buscando sin haberse ocupado de sus responsabilidades ni de su cuidado personal.

Positividad tóxica

Se preguntará qué puede haber de tóxico en la positividad. ¿No es ese el objetivo de abordar el trauma? ¿Ser más positivo al final? Aunque esto es cierto, la positividad tóxica consiste en evitar cualquier negatividad a toda costa, ya se trate de una persona, situación o sentimiento. Es forzar el pensamiento positivo en lugar de reconocer y aceptar los altibajos de la vida. Alguien adicto a la positividad tóxica dice cosas como: «¡Sonríe!» o «Todo pasa por alguna razón». También es intentar buscar lo positivo en cualquier cosa para ignorar cualquier sentimiento negativo. Adoptar una positividad tóxica crea la falsa impresión de que la vida solo es buena cuando nos centramos en lo positivo cuando, en realidad, un mecanismo de afrontamiento saludable reconoce que la vida consiste en picos y valles, dificultades y victorias. Ambas son necesarias para tener una perspectiva equilibrada y realista de la vida. Cuando aceptamos la vida por lo que es, y no solo por lo que queremos que sea, encontramos la paz.

Piense en ello

* ★ ¿Con qué mecanismos de afrontamiento se identifica?
* ★ ¿Cuándo empezó a utilizarlos?
* ★ ¿Se los enseñó alguien?
* ★ ¿Reconoce alguno de ellos en miembros de su familia?
* ★ ¿Qué cree que están intentando evitar?
* ★ ¿Qué está usted evitando?

Retomar el poder

Ahora que hemos hablado de los mecanismos de afrontamiento negativos, es hora de retomar el control con los positivos. La vida es estresante, por lo que siempre necesitamos mecanismos de afrontamiento, y los que aprenderá en este capítulo cubrirán sus necesidades reales y fomentarán la resiliencia. Los mecanismos de afrontamiento negativos se desarrollan para evitar el dolor y la incomodidad, pero lo que tal vez no sepa es que existen otras cate-

gorías: los mecanismos centrados en la emoción, en el problema, en el significado, en la evitación, y en lo social. Cada categoría tiene su propia finalidad y le ayudará a saber con claridad cuándo y cómo utilizar el mecanismo. Adoptar este tipo de estrategias de afrontamiento le proporcionará herramientas mejores y más positivas para afrontar la incomodidad y el estrés.

Estrategias de afrontamiento centradas en la emoción

Este tipo de estrategia de afrontamiento trata sobre cómo manejar las emociones. En lugar de intentar cambiar el problema o la situación estresante en la que se encuentra, simplemente necesita sentirse mejor al respecto. El objetivo de estos mecanismos de afrontamiento es ayudarle a sentirse mejor, ya signifique eso más feliz, esperanzado o satisfecho. Sepa que esta estrategia no cambiará nada, pero estará en paz y eliminará parte de la presión emocional, la suya y la de la situación.

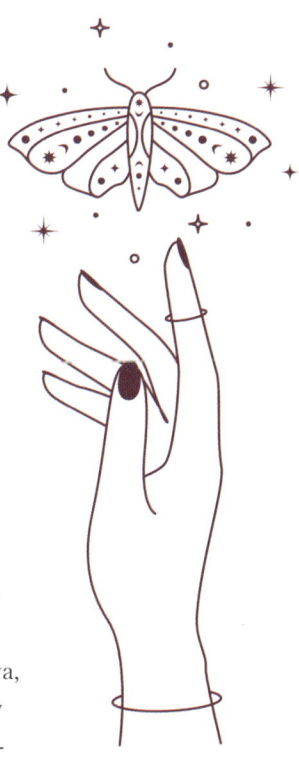

Algunos ejemplos del afrontamiento centrado en la emoción son el cuidado personal, el replanteamiento cognitivo, el pensamiento positivo o el escribir en un diario. Habrá oído eso de que cuidar de uno mismo es esencial, y efectivamente lo es. El cuidado personal implica actividades necesarias para cuidarse, como comer, vestirse o acicalarse. Podría consistir en prepararse una comida nutritiva, vestirse con ropa que le dé confianza, o un nuevo y atractivo corte de pelo. Es cualquier cosa reconfortante o que le haga sentir mejor consigo mismo.

Pasar a la acción

Durante al menos una semana, dedique 15 minutos a cuidarse. Puede ser cualquier cosa que le haga sentir bien y que alivie el estrés. Por ejemplo, dar un paseo por la naturaleza, hacer algo creativo como pintar, cantar, bailar, practicar yoga… no existen limites.

El replanteamiento cognitivo y el pensamiento positivo van de la mano. El primero es el acto de pensar en una situación de una forma diferente. Imagínese que comete un error garrafal en el trabajo y todo el mundo se da cuenta. En lugar de pensar: «Qué idiota que soy. Esto es muy vergonzoso», podría replanteárselo como: «Cometí un error. Todo el mundo se equivoca, y eso no me define». En este ejemplo, estaría cambiando su perspectiva a algo más realista.

El pensamiento positivo se refiere a buscar lo bueno en cualquier situación. Por ejemplo, hace meses que está esperando asistir a un evento. Cuando por fin llega el día, tiene problemas con su coche y acaba perdiéndose una buena parte del mismo. En lugar de centrarse en lo que se ha perdido, hágalo en las cosas positivas: «Mi coche se averió, pero ya está arreglado», o: «Puede que me haya perdido parte del evento, pero a lo mejor alguien lo grabó y lo podré ver más tarde», o simplemente: «Al menos pude asistir al acto».

Por último, escribir en un diario —algo con lo que ya debería estar muy familiarizado llegados a este punto— puede ser una forma estupenda de expresar sus pensamientos y sentimientos. Es una forma saludable de procesar las emociones, y siempre puede repasar entradas anteriores para ver cómo actuó antes en los momentos difíciles. Llevar un registro de su sentimientos resulta excelente para desahogarse sin ser juzgado. O bien puede llevar un diario artístico que cumpla el mismo fin, pero de forma diferente, recurriendo a imágenes o garabatos.

Pasar a la acción

★ Escriba en su diario una lista de cinco casos en los que tendría que haber dado prioridad al cuidado personal. Describa con detalle esos momentos.

★ Después de cada punto de la lista, escriba cómo podría haber dedicado un tiempo a cuidarse. ¿Qué tipo de cuidado escogería después de cada situación? A veces necesitamos tipos diferentes de cuidados, según las circunstancias.

Estrategias de afrontamiento centradas en el problema

Las estrategias de afrontamiento de esta categoría abordan directamente el problema. Podría ser asumir el control de la situación, alejarse de ella, o cambiar el modo de actuar con respecto a la misma. Algunos ejemplos serían establecer límites, pedir ayuda o recabar información y planificar una nueva ruta.

Si mantiene una relación agotadora con algien (ya sea un jefe, amigo o familiar) y siente que da mucho más que recibe, establecer un límite correcto podría ser la solución a ese problema. Podría decirle a esa persona: «Solo estoy disponible para hablar de 6 a 7», o: «Después de las 9 de la noche, ya no estoy disponible». Eso le da un espacio lejos de esa persona, marca el límite para el tiempo que necesita para estar consigo mismo.

PEDIR AYUDA

En ocasiones es necesario pedir ayuda a otros mientras intenta manejar una situación, pero es difícil saber exactamente cómo. La siguiente estrategia le ayudará a conseguir la ayuda que precisa:

1. La primera persona a quien pedir ayuda es usted mismo. Empiece por desahogarse del estrés. Es cuando abre el diario y empieza a escribir lo que le viene a la cabeza de cinco a diez minutos. Después tendrá la mente más clara y estará más preparado para pedir ayuda a alguien porque sabrá mejor qué pedir.

2. Olvídese de la vergüenza. Pedir ayuda significa que se respeta a sí mismo y que desea que sus circunstancias vuelvan a la normalidad.

3. Piense en qué persona podría ayudarle en esa situación. Una vez identificada, es momento de ser asertivo y comunicarse de forma clara. Por ejemplo, si se ha sentido agotado y esto le supera, podría decirle a su pareja: «Me enfrento a tantas cosas en estos momentos que tengo ganas de dejarlo todo. ¿Te importaría ocuparte de la cena esta semana para que tenga tiempo de cuidarme un poco?».

4. Corresponda de la misma manera y anime a la persona que le ayuda dándole las gracias de una forma concreta. Por ejemplo: «Gracias por hacer la cena toda esta semana. Hiciste un gran trabajo y me ayudaste a volver a la normalidad».

Helen Keller dijo en una ocasión que solos podemos hacer muy poco, pero juntos podemos hacer mucho más, y tenía razón.

Pedir ayuda es algo que a muchas personas les resulta difícil. A muchos de nosotros nos han dicho que pedir ayuda es una debilidad, sin importar cuánto la necesitemos. Pero esa es una idea dañina. Todo el mundo necesita ayuda para hacer algo. Todos dependemos unos de otros de una manera u otra. Entonces, si necesita ayuda para salir de una situación —quizás precisa dinero para comprar comida, dejar una relación tóxica, o aprender una habilidad necesaria— pídale ayuda a alguien capaz de hacerlo. Y si no le puede ayudar, siga adelante hasta conseguir lo que necesita. A veces recabar información ayuda a sentirse mejor, pero saber qué medidas tomar a continuación es lo que más importa.

Estrategias de afrontamiento centradas en el significado

El afrontamiento centrado en el significado trata de encontrar el significado más profundo en las situaciones estresantes. Es especialmente popular entre las personas religiosas o espirituales que creen en un poder superior. Es la práctica de encontrar el «por qué» de los acontecimientos de la vida. Algunas prácticas son la oración, la meditación y encontrar su propio significado.

Pedirle a la deidad en la que crea una respuesta es una forma excelente de descubrir el significado. Su deidad le dará las respuestas que necesita o le tranquilizará sabiendo que la respuesta llegará con el tiempo. Contar con este consuelo le ayudará a seguir adelante con más confianza.

Meditar es otra forma de descubrir el significado porque es un tiempo dedicado a despejar la mente y a analizar con delicadeza el problema. Entrar en un estado de calma para dejar que los pensamientos afloren a la superficie y seguir adelante le abrirá la mente a diferentes posibilidades o soluciones, como contactar con su yo superior.

Descubrir su propio significado en una situación es similar a cambiar el relato. Si está pasando por una época especialmente difícil de su vida, podría encontrarle significado diciendo: «La vida puede ser dura, pero yo lo soy más». Puede encontrar significado observando las cosas positivas que ese tiempo difícil generó o lo que aprendió durante el mismo. Esta estrategia es una forma de darle un nuevo contexto a quién es como persona.

Afrontamiento centrado en la evitación

Con una palabra como «evitación» en el título, podría pensar que el tipo de estrategia de afrontamiento basada en ella es poco saludable, pero es mucho más discreta y deliberada de lo que parece. Estas estrategias son como las centradas en las emociones en el sentido de que no solucionan el problema pero le hacen sentir mejor mientras hace algo positivo. Algunos ejemplos de ello son la distracción controlada, el ejercicio físico o el estar en la naturaleza.

Una distracción controlada es algo que se emplea para aliviar el estrés o la incomodidad, con la intención de volver después de un tiempo al problema. Puede ser algo tan sencillo como mirar la televisión una hora para relajarse, pero con la intención de solucionar el tema después. Es una forma de darse un tiempo alejado del tema que le estresa, para volver al mismo más relajado y más preparado emocionalmente.

El ejercicio es una excelente estrategia de evitación porque el cuerpo solo puede llegar a un punto determinado antes de necesitar descanso y recuperación. No es una actividad que pueda hacer todo el día, así que tiene su propio cronómetro. Además, le está haciendo un bien a su cuerpo. Mucha gente recurre al ejercicio para reducir el estrés o como válvula de escape, por ejemplo kickboxing, baile o cardio de alta intensidad.

Estar en la naturaleza es una forma simple y fácil de aliviar el estrés. Expuestas al aire libre, las personas tienden a experimentar un menor riesgo de depresión y una recuperación más rápida del estrés psicológico. Según el Servicio Forestal de Estados Unidos, los estudios demuestran que estar en la naturaleza regenera y fortalece nuestra capacidad mental, aumentando la atención y la concentración.

Estrategias de afrontamiento social

Se podría decir que uno de los mecanismos de afrontamiento más importantes es el social. Los seres humanos son criaturas sociables que dependen unos de otros para su validación, apoyo, amor y seguridad. El afrontamiento social consiste en acudir a otros para que nos ayuden cuando lo necesitamos. Algunos métodos comunes de afrontamiento social son contactar con amigos o familiares para hablar sobre sus temas, buscar grupos especializados para abordar sus necesidades específicas, o hablar con un asesor, mentor o terapeuta.

Hablar con amigos o familiares es una de las estrategias más comunes porque en cierto modo es innata. Las personas más cercanas nos entienden y quieren que compartamos nuestros problemas con ellas. Esto es lo que hace un buen amigo o sistema de apoyo. Debería poder hablar de prácticamente

cualquier cosa con sus amigos y esperar que le escuchen y le entiendan. La validación que ofrecen puede levantarle el ánimo y darle una perspectiva diferente sobre una situación.

Una alternativa a esta estrategia es acudir a reuniones grupales que tratan sobre sus necesidades específicas. Pongamos que ha perdido a su cónyuge y el apoyo de sus amigos y familiares no basta porque ellos no saben qué es ser viudo. Así que encuentra un grupo que le proporciona apoyo para esa necesidad concreta. Estar en un grupo unido por una causa fomenta la conexión y aleja la soledad. Le muestra que otras personas sienten lo mismo que usted.

Buscar ayuda profesional es un tipo crucial de afrontamiento social porque esa persona posee las herramientas para ayudarle con sus temas. Puede que traten con muchas otras personas que comparten su carga emocional o mental, por lo que están bien equipadas para ayudarle. Con el tiempo, esas personas

Pasar a la acción

⋆ Intente utilizar todas las semanas un mecanismo de afrontamiento saludable de cada categoría pertinente a su situación.

⋆ Tome nota de la estrategia utilizada y el modo en que le ayudó o no le ayudó.

⋆ Cuando pruebe nuevas estrategias, anote cuáles le funcionaron y añádalas a una lista a la que tenga fácil acceso.

⋆ Repase esta lista para recordar las estrategias que tiene a su disposición.

aprenden sobre sus pautas y antecedentes para guiarle mejor hacia un lugar positivo. Su sabiduría resulta inestimable.

Aunque el capítulo se titula «Recuperar el poder», sepa que siempre lo ha tenido, y ahora sabe cómo utilizarlo en beneficio propio. Será capaz de convertirse en una versión mejor de sí mismo, aunque puede que a las personas de su entorno no les guste o no estén de acuerdo con ello. Cuando alguien cambia, como está usted haciendo ahora, sus seres queridos pueden verse sorprendidos por las diferencias que ven e incluso añorar la persona que era antes. Pero su viaje es *su* viaje. Es usted quien asume el control y lleva su sombra al primer plano, y eso es algo que otros no están acostumbrados a ver en usted. Pero está bien. Tal vez pueda incluso animarles a reconocer su propio poder y a integrar su sombra.

✳ ✳ ✳

5

SANAR A TRAVÉS DE LOS DESENCADE-NANTES

El paso siguiente para integrar su sombra es explorar los desencadenantes. En el contexto del trabajo con la sombra y de la terapia en general, un desencadenante se define como un estímulo que le recuerda eventos traumáticos del pasado. Los desencadenantes varían según la persona, las experiencias que ha vivido y los traumas. Existen dos tipos de desencadenantes: los internos, que son pensamientos y sentimientos, y los externos, que son las acciones de otros, colores u olores. Lo difícil de los desencadenantes es que a menudo ni siquiera sabemos cuáles tenemos, ni cómo se formaron. Pueden parecer salidos de la nada, sin ninguna conexión coherente, pero se forman por una razón y tienden a seguir allí hasta que empezamos a reconocerlos y a trabajar para reducir su gravedad. Los desencadenantes son complejos y le dejan sintiéndose confuso e incómodo, impulsándole a llevar esos sentimientos hacia la sombra. Pero este el momento de abordarlos. Hacerlo será beneficioso y le proporcionará claridad para avanzar por su camino hacia la sanación y la integración.

Desencadenantes internos

Los desencadenantes internos varían según la persona, y muchas tienen más de uno a la vez. Esta es una lista de los desencadenantes internos más comunes:

- ★ Recuerdos de su trauma
- ★ Diálogo interior crítico que desemboca en colapso
- ★ Heridas que le recuerdan traumas pasados
- ★ Estar solo
- ★ Ser rechazado
- ★ Ser ignorado, sentimientos de miedo, rabia, terror, impotencia, traición o abandono

Imagínese lo siguiente: está con sus amigos en un restaurante ruidoso, y todos están hablando animadamente. Usted intenta todo el rato introducir su opinión en la conversación, pero el ruido apaga su voz y no le oyen. Esto le recuerda cuando su cuidador o cuidadores le ignoraron de pequeño cuando quería hablar con ellos. Entonces, en ese momento, siente que no le escuchan y que usted no es importante. A continuación aparecen todas esas veces en que se sintió ignorado o rechazado, eso le deprime y le entran ganas de marcharse.

Sus amigos no tenían intención de ignorarle, pero así es como usted se sintió, y este es uno de los aspectos más insidiosos de los desencadenantes. Aparecen incluso cuando aquellos que los activan no tenían intención de herirle. Pero de todos modos se siente herido a causa de su historia pasada.

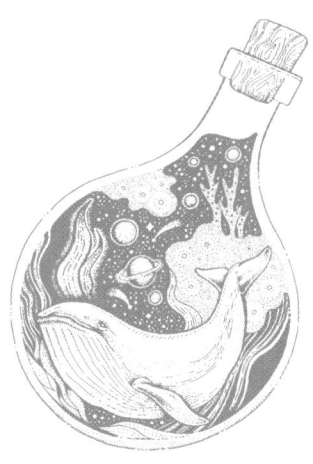

Desencadenantes externos

La diferencia entre desencadenantes internos y externos tiene que ver con la cantidad. Existen muchas más posibilidades de desarrollar desencadenantes externos porque pueden ser cualquier cosa, desde situaciones, colores, olores, texturas o sonidos. Estos son algunos desencadenantes externos comunes:

* Los rasgos de personalidad de una persona, como ser obstinado
* Las voces elevadas
* Las discusiones, aunque sean leves
* Los ruidos fuertes, como una puerta que se cierra de golpe o un cristal que se rompe
* Objetos como cinturones o fustas
* Ciertos lugares
* Olores asociados con el trauma, como una colonia en concreto
* Colores relacionados con el trauma
* Personas con un tipo de cuerpo determinado o niveles de autoridad
* Momentos específicos del día, como la hora en que alguien llega a casa
* Ser testigo de malos tratos o haberlos experimentado
* Violencia en los medios de comunicación que consume, como libros, películas, programas televisivos o noticias

Un ejemplo sería dejar un trabajo horrible, con un jefe que gritaba y maltrataba. Le convocaba con frecuencia a una reunión, a usted o a sus colegas, para reñirle y culparle de todos los problemas de la empresa. Deja este trabajo y consigue otro donde el nuevo jefe también grita y le gusta convocar reuniones. Siempre que le llama, piensa en su antiguo jefe y espera que le griten, sin importar el motivo por el que le llaman. Resulta frustrante no poder controlar los desencadenantes externos. Aparecen a pesar de todos nuestros esfuerzos por evitarlos, y eso hace que la experiencia resulte más intensa de la que provocaría un desencadenante interno.

Cómo se siente al activarse el desencadenante

Ahora que hemos descubierto los tipos de desencadenante que existen, es hora de pasar a hablar de cómo nos hacen sentir. Activar el desencadenante significa ser provocado por un estímulo que despierta o empeora los síntomas de un evento traumático o una patología mental. Combina síntomas emocionales y físicos. Después de identificar los desencadenantes, algunos de nosotros somos capaces de notar cuándo se activan y cómo esto nos hace sentir, pero otros no

siempre pueden hacerlo. Algunas personas experimentan alexitimia, o «ceguera emocional». Es la dificultad o incapacidad de identificar, experimentar y describir las emociones. Algunos científicos creen que las causas son genéticas, neurológicas o debidas a algunos factores de desarrollo. La alexitimia se suele encontrar en personas que sufren trastornos de ansiedad, depresivos, alimentarios, abuso de sustancias y trastorno obsesivo compulsivo: la mayor parte de ellos tienen su origen en algún trauma.

A las personas con alexitimia y a las que no pueden reconocer sus desencadenantes les resulta más difícil identificar los síntomas de su activación. Hablando de forma general, estas son las reacciones cuando se activa un desencadenante:

- ★ Ataques de ansiedad o pánico
- ★ Sensación de descontrol
- ★ Pulso acelerado, sudoración o dificultad para respirar
- ★ Impulso de escapar por cualquier medio
- ★ Un montón de pensamientos negativos
- ★ Cambios de humor inexplicables o impredecibles
- ★ *Flashbacks* de eventos traumáticos específicos
- ★ Ataques de ira o tristeza retardados

Reaccionar ante un desencadenante es estar en un estado desproporcionado que puede durar mientras se ve expuesto al desencadenante o incluso hasta horas después. Las reacciones a un desencadenante varían en cada persona, según la gravedad del trauma, lo evidente que resulta el desencadenante y si la persona sabe cómo calmarse. La activación del desencadenante se siente como algo doloroso porque se experimenta de nuevo el evento traumático de origen.

Resulta más angustioso si las personas del entorno no entienden su reacción o piensan que está exagerando. No hay vergüenza alguna en reaccionar ante un desencadenante. No puede controlar el desencadenante, pero sí procurar que no le afecte tanto como en el pasado.

Qué hacer cuando se activa un desencadenante

Ahora que sabe qué ocurre cuando se activa un desencadenante, hablaremos de lo qué podemos hacer. Ser activado por un desencadenante es una experiencia integral. El cuerpo presenta una respuesta de huir o luchar, o de paralizarse o adular, como reacción ante un peligro percibido. Pero en lugar de ser una situación sin salida, puede aliviar parte de la angustia si tiene un plan de acción.

Ir a un lugar seguro

Debido a que su cuerpo está en modo de pánico, es posible que sea incapaz de pensar correctamente hasta que no se sienta seguro. Si le es posible, encuentre un lugar donde sepa que se sentirá seguro y protegido. Podría ser su coche, la sala de descanso vacía, el cubículo de un cuarto de baño, un armario o la casa de un amigo. Como está empezando a aprender sobre sus desencadenantes, todavía no tendrá una rutina sobre cómo tratar adecuadamente con ellos. Por ello, huir hacia un lugar seguro será un paso necesario hasta que logre manejar la situación de un modo diferente.

Una vez en un lugar seguro, es hora de practicar la respiración cuadrilátera. Estas respiraciones profundas con retención al inhalar y exhalar calman la ansiedad y le ayudan a tranquilizarse lo suficiente para evaluar el entorno, y eso contribuirá a desacelerar el pulso y a recuperar la sensación normal de calma.

Es una técnica de experiencia somática llamada rastreo. El término «somático» viene del griego *soma*, que significa *cuerpo*. Una técnica de experiencia somática es una terapia cuerpo-mente que utiliza intervenciones curativas que trabajan con el cuerpo para acceder y a sentimientos, pensamientos y conductas, y modificarlos. En este caso, conseguir un estado de calma durante la activación de un desencadenante.

Respiración cuadrilátera

1. Inhale lentamente por la nariz contando hasta cinco. Asegúrese de que los pulmones se llenan de aire.

2. Retenga el aire cinco segundos y exhale lentamente por la boca cinco segundos. Retenga otros cinco segundos. Repita de cinco a diez minutos o hasta que se haya calmado.

3. Practique todas las noches hasta lograr asociar esta técnica con la paz y la tranquilidad.

Valoración

Cuando se está recuperando de una respuesta a un trauma, puede que necesite observar a su alrededor y saber que en ese momento está seguro. No volverá a activarse el desencadenante. Esta valoración, conocida también como rastreo, es una técnica de experiencia somática que le ayudará a sentirse arraigado.

1. Tome unas respiraciones y concéntrese en sentir la relajación.

2. Cuando esté listo, mire alrededor de la habitación y fíjese en los diferentes objetos.

3. Mientras observa, diga el nombre del objeto en voz alta si es posible, o mentalmente si no lo fuera. Si encuentra algo que le llame la atención, quédese con ello.

4. Siga descubriendo nuevos objetos hasta que esté calmado.

Poner las cosas en perspectiva

Una buena perspectiva requiere examinar su situación actual y reconocer que no está en peligro. Esto puede incluir técnicas de anclaje como nombrar algo que ve, oye, huele, gusta y toca. También recordarse a sí mismo los hechos de su situación actual. Por ejemplo, mientras se dirige al parque, ve a alguien conduciendo un coche del mismo color, marca y modelo que tenía su ex, que le maltrataba, y eso le provoca el pánico. Poner la situación en perspectiva sería reconocer que no es su ex quien va en ese coche, que no está allí con usted y que nadie le hará daño.

Anotar en el diario sus desencadenantes

1. Vaya a buscar su diario y grabadora. Lo ideal sería hacer este ejercicio al poco de haberse activado un desencadenante, para anotar mejor lo ocurrido en ese momento y cómo se sintió.

2. ¿Qué pasó? ¿Quién o qué fue el desencadenante?

3. ¿Fue un desencadenante interior o exterior?

4. ¿Cómo se sentía emocional o físicamente antes de que se activara el desencadenante?

5. ¿Qué técnica utilizó para calmarse?

6. ¿Cuál es su recuerdo más antiguo de este desencadenante? Vaya todo lo atrás que pueda, hacia la infancia.

7. ¿Qué le dan ganas de hacer cuando se activa ese desencadenante?

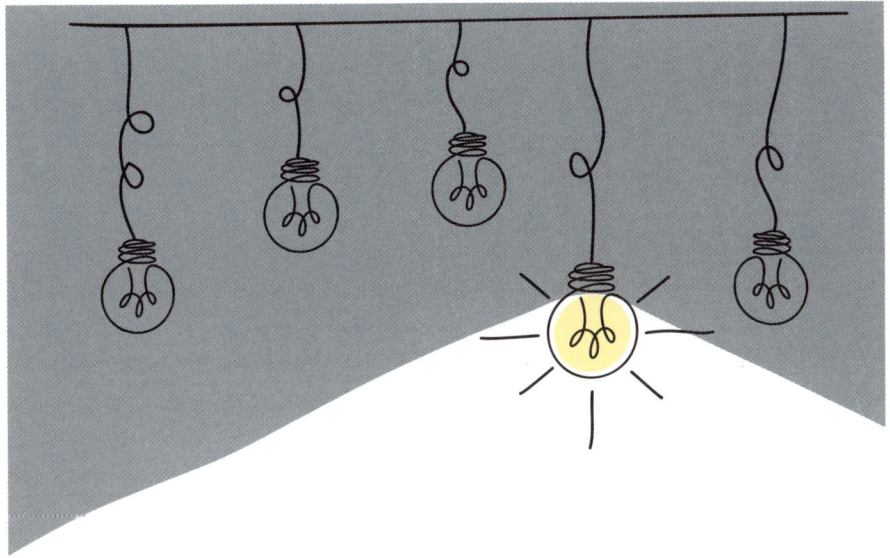

Memorice su reacción

La actividad anterior requería detallar cómo se sentía emocional o físicamente antes de que se activara el desencadenante. El siguiente paso es memorizar cómo se sintió cuando se activó, para poder controlarse antes de entrar en la espiral habitual. Pregúntese cómo se siente emocionalmente: asustado, enfadado, acorralado en un rincón, etcétera. Luego observe cuál es la respuesta física que acompaña a la emoción: palmas de las manos sudorosas, pulso acelerado, un nudo en la garganta, o un dolor de cabeza repentino. Haga una lista de estas reacciones en un lugar de fácil acceso. Esto le ayudará a detectar con más precisión los desencadenantes y cuándo se activan.

Ejercicio físico

El ejercicio puede ser una forma excelente de desahogarse y ayudar al cuerpo a reajustarse de un modo que se vea fortalecido. Si sus desencadenantes le hacen sentir impotente, el ejercicio le recordará que el poder y el control están en sus manos. Se está haciendo más fuerte y de paso mejorando su salud. También puede darle a la mente la oportunidad de detenerse y concentrarse en otras cosas mientras sus pensamientos y sus emociones se estabilizan.

Cuidado personal

El cuidado personal es la mejor manera de marcar una activación. Es la oportunidad de darse a sí mismo el cuidado y el apoyo que no le dieron en el pasado. Podría ser tomar un baño, leer un buen libro, ver un programa reconfortante, tomar su comida favorita, comprarse algo bonito o darse permiso para ignorar cualquier factor estresante para que pueda recuperarse. Ofrézcase el amor y los cuidados que siempre deseó cuando se activaba un desencadenante, pero que nunca recibió.

Cómo recuperarse de los desencadenantes

Ahora que ha identificado sus desencadenantes y cómo se siente cuando se activan, es el momento de sanarse y recuperar la sensación de control. Precisará tiempo y esfuerzo, pero el trabajo que le dedique le hará más fuerte de lo que ya es. Esto no significa que el proceso sea lineal. De hecho, puede ser capaz de superar rápidamente un desencadenante, pero tardar varios días la próxima vez que ocurra. Sin que eso importe, ser paciente y compasivo consigo mismo es algo necesario para seguir avanzando. Conseguirá sanarse, todo lo que necesita es un poco de tiempo.

Trabajar con un profesional

Buscar un profesional para su trabajo con la sombra es la mejor manera de aprender a afrontar sus desencadenantes. Le hará las preguntas adecuadas, le ayudará a descubrir detalles que se le podrían haber escapado y le dará ideas valiosas. Algunas personas evitan los terapeutas por su actitud hacia la terapia, y a otros les resulta difícil confiar a alguien su trauma más profundo. Pero si tiene acceso a un terapeuta, su vida cambiará para mejor.

Desencadenantes y atención plena

La atención plena es una práctica especialmente eficaz para mitigar la ansiedad y trabajar con sus desencadenantes sin juzgar. Puede que sienta vergüenza no solo por sus desencadenantes, sino también por la forma en que reacciona ante ellos. Estos sentimientos evitarán que afronte directamente los desencadenantes y consiga recuperarse. En este caso, emplee la atención plena para reconocerlos de forma silenciosa y formular preguntas sobre los mismos.

Meditación con atención plena

1. Siéntese en un lugar tranquilo donde no le molesten. Asegúrese de estar en una posición cómoda, pero con la espalda erguida para evitar quedarse dormido.

2 Ahora, cierre los ojos y piense en la última vez que se activó un desencadenante. No etiquete sus pensamientos ni ninguno de los detalles. Simplemente deje que su mente los vaya repasando.

3. Recuerde cómo se sintió y qué pensaba o veía. Examínelo con curiosidad. ¿Por qué se sintió así? ¿Qué contribuyó a ello?

4. Reconozca que estos son los hechos tal como los recuerda y no permita que ningún juicio empañe estos pensamientos. Así es como se sintió, y eso es todo.

5. Examine los detalles con desapego. No le definen y no le dominarán para siempre.

6. Finalice el ejercicio con una respiración honda y si es posible, poniendo las manos sobre el corazón.

Pasar a la acción

······◆◆◆◆◆◆······

★ Intente meditar como mínimo una vez al día.
★ Explore opciones como aplicaciones, vídeos o clases, para seguir
   motivado para practicar.
★ Registre en su diario cómo se sintió tras una semana de práctica.

Establezca límites saludables

Este paso se centra en los desencadenantes externos que tienen que ver
con las personas de nuestro entorno.
Establecer límites es algo que asusta
a algunas personas, en especial las
que tienen problemas de apego ansioso, pero son importantes para su
bienestar general. Aunque parezca
que los límites equivalgan a decir
que «no» o a restringir el comportamiento de otras personas, lo que en
realidad hacen es comunicar sus necesidades y mantenerle a usted física
y económicamente seguro. Lo mismo
ocurre con los desencadenantes.

    Puede establecer un límite emo-
cional diciéndole a su pareja que si le
levanta la voz, usted no seguirá con
la discusión. Podría ser algo como:
«Los gritos me asustan, así que no continuaré con la conversación hasta que
no bajes la voz». Establecer este límite hace que la otra persona sepa cómo
tratarle y complacerle.

Un límite físico sería no sentirse obligado a tener que abrazar a nadie. Imagínese que está con amigos y uno de ellos le presenta a alguien. Esa persona intenta abrazarle porque este es su modo de saludar. Sin embargo, usted creció con cuidadores que le forzaban a dar un abrazo cuando a usted no le apetecía. Eso le hizo sentir que tenía que complacer a otros aunque le hiciera sentir mal. Podría decir a esa persona: «No quiero que me abracen, pero puedo estrecharte la mano».

Un límite económico podría ser cuánto dinero está dispuesto a prestar a sus seres queridos. Por ejemplo, puede que haya un familiar que a menudo le pide dinero y espera que se lo dé aunque usted no pueda permitírselo. Dar ese dinero hace que se retrase en el pago de una factura y eso le causa estrés, potencialmente recordándole una época en que era muy pobre. Por ello, en lugar de dar el dinero, podría decir: «No puedo darte dinero. Lo necesito para pagar mis facturas. ¿Hay algo más que pueda hacer por ti?».

Los límites existen para mantenerle seguro e indicar a otros cómo deberían tratarle. Reforzar sus límites le ayudará a evitar algunos desencadenantes y recuperar con ello su poder.

Crear un sistema de apoyo

Si no tiene todavía un sistema de apoyo, es hora de crear uno. Su sistema de apoyo es exclusivo para usted y debería consistir en personas que le escuchen, validen y se preocupen por usted. Pueden ser familiares, amigos, compañeros de trabajo, terapeutas, miembros de su iglesia o asistentes a grupos de apoyo. Su sistema de apoyo puede ser todo lo amplio o reducido que necesite. Deben ser personas en las que pueda confiar, y usted hará lo mismo por ellas. Deberían respetar sus límites y animarle a convertirse en una versión mejor y más completa de sí mismo.

Recurrir a su sistema de apoyo social

Tal vez tenga un sistema de apoyo pero rara vez pide ayuda. Podría deberse a que no quiere que nadie piense que es débil o que tiene miedo de molestarles con sus problemas. Pero esos pensamientos están basados en el miedo. Su sistema de apoyo está allí para que recurra a él cuando necesita ayuda. De eso se trata. Pida cosas pequeñas al principio, por ejemplo que necesita enviarles un texto o llamarles cuando están trabajando, para pedirles un favor. Podría ser pedirles que le compren algo de comida si no se encuentra bien para salir. Practique primero con pequeños favores antes de pasar a algo más importante. No se olvide de que las personas que le quieren y se preocupan por usted responderán cuando las necesite. No tiene por qué sufrir en solitario.

Sus desencadenantes pueden definir su pasado, pero no definirán para siempre su futuro. Ahora que ha tomado conciencia de ellos puede tomar las precauciones necesarias que le ayudarán a atravesar esos momentos y a salir de la situación más sabio y más consciente que nunca. Los desencadenantes no tienen por qué hundirle. Pueden ser herramientas para una mayor paz si aprendemos a dominarlos. Y usted lo hará.

❋ ❋ ❋

6

REAJUSTAR
LA RESPUESTA
AL MIEDO

El miedo es uno de nuestros instintos de supervivencia más importantes. A lo largo de la historia, el miedo nos ha impedido cometer imprudencias y nos ha salvado de situaciones peligrosas. En definitiva, el miedo nos mantiene a salvo. En nuestros días no experimentamos necesariamente el miedo tal como hemos hecho durante siglos. La modernización satisface muchas de nuestras necesidades básicas, por lo que el miedo excesivo resulta mucho más perturbador. Las personas con trastornos de ansiedad social, trastornos de ansiedad, trastorno de estrés postraumático (TEPT) y trastornos de pánico a menudo sienten miedo independientemente de si están o no en peligro. Esto puede manifestarse como ataques de pánico o con conductas de evitación.

Quienes han sufrido traumas son más propensos a desarrollar estos trastornos debido a la exposición constante a situaciones aterradoras o angustiosas que crean desencadenantes que las agravan. Pero existe una forma de reajustar la respuesta al miedo para que no le paralice por completo. Existen cuatro maneras diferentes de responder al miedo: luchar, huir, quedarse paralizado o adular. No hay forma de controlar qué respuestas se darán en una situación determinada, pero sí podemos reajustar el cerebro para que responda de forma diferente. Y una vez lo consiga, será capaz no solo de entender su miedo sino de gestionarlo para vivir con mayor confianza.

Las señales del miedo

Ante una situación de miedo, resulta difícil diferenciar lo que sentimos. Su sistema nervioso simpático (el responsable de la respuesta de miedo en primer lugar) se activa de forma automática. Mentalmente, está centrado en la fuente de su miedo hasta que ya no lo percibe como una amenaza. Sin embargo, para ser más consciente de ello, debemos abordar directamente los síntomas del miedo. Recuerde los siguientes síntomas la próxima vez que tenga miedo:

★ Sudor
★ Escalofríos
★ Pulso acelerado
★ Sentir que no controla
★ Temblores musculares
★ Estómago revuelto
★ Mareo
★ Sentirse abrumado
★ Respiración acelerada
  o falta de aliento

La mayoría de los síntomas del miedo sirven para que el cuerpo se prepare para lo peor. La adrenalina (la hormona que prepara los músculos para el esfuerzo) y el cortisol (la hormona del estrés) circulan por el cuerpo para tensar los músculos, reducir la producción de insulina para tener acceso rápido a la energía, e indicar al cuerpo que debe pasar a la acción. Aunque estas son las señales del miedo, las respuestas a las mismas varían.

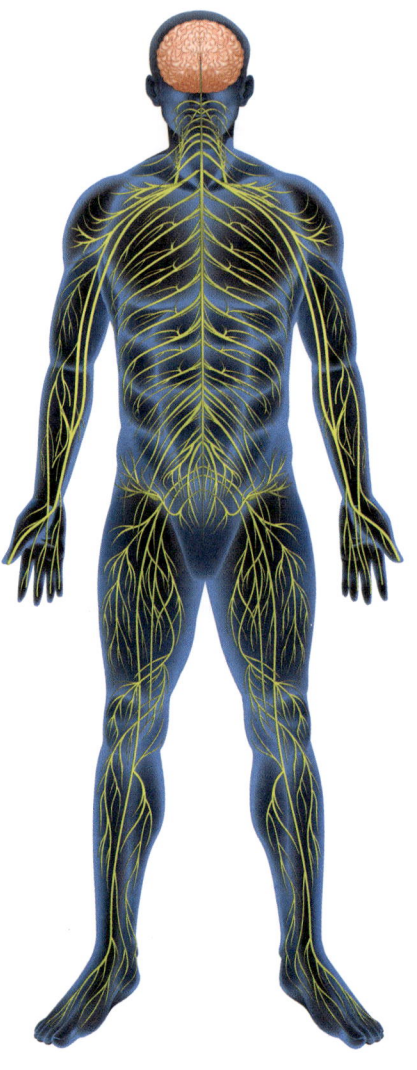

Piense en ello

·······◆◆◆◆◆◆◆·······

★ ¿Qué síntomas experimenta cuando siente miedo?
★ ¿Cómo ha reaccionado a estos síntomas en el pasado?
★ ¿De qué formas consiguió calmarse?

Cómo se refleja el miedo en el cerebro

La amígdala es la zona del cerebro que se activa durante los momentos de estrés, y controla sus respuestas al miedo y la ira. La amígdala envía señales al hipotálamo, que estimula el sistema simpático (también llamado *sistema nervioso autónomo*) para que libere cortisol y adrenalina. La producción crónica de cortisol y adrenalina dañan al organismo, por lo que es importante gestionar la respuesta al miedo así que esta aparece.

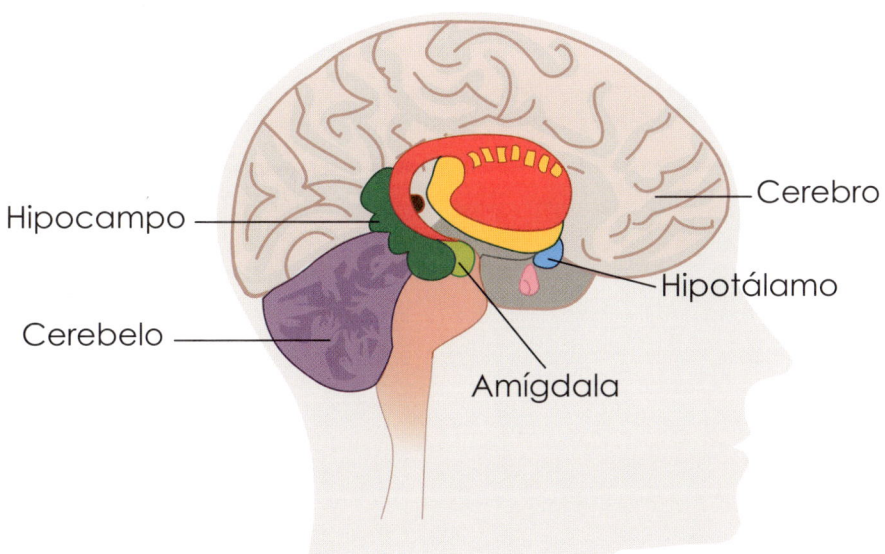

Hipocampo

Cerebelo

Cerebro

Hipotálamo

Amígdala

Las respuestas al miedo

Cuando nos enfrentamos al miedo, todos estamos programados para responder de cuatro formas denominadas las respuestas al miedo. Pasemos a examinarlas.

Luchar

La respuesta de luchar es exactamente lo que su nombre indica: puñetazos, patadas, arañazos e incluso un rodillazo en la ingle. Esta respuesta consiste en «derrotar» a la amenaza. Incluye altercados verbales o gritar para alejar la amenaza. Estas respuestas son excelentes para un peligro físico inminente, pero si la amenaza percibida en en realidad alguien que le falta al respeto o le humilla, en lugar de amenazarle físicamente, entonces la reacción es exagerada.

En el contexto del trabajo con la sombra, la respuesta de luchar puede asemejarse a la asertividad, a defenderse y a obligar al otro a respetar los límites establecidos. Dependiendo de la situación, luchar puede ser una respuesta perfectamente adecuada.

Huir

A diferencia de la respuesta anterior, la de huir es un poco más compleja. Cuando pensamos en «huir» nos imaginamos alejándonos literalmente de una situación peligrosa. Si su cerebro determina que no es posible luchar contra la amenaza, se alejará de ella cuanto pueda y lo más rápido posible. Pero esta no es la única manera en que se expresa la respuesta de huida.

Huir se refiere también metafóricamente a escapar, por ejemplo con comportamientos de evitación, independencia extrema y sexualidad desbordada. Si está en desacuerdo con un ser querido especialmente estresante, es posible que abandone la casa para evitar una discusión. Es algo primario y el único pensamiento que se nos ocurre es escapar de la situación.

La independencia extrema consiste en negarse a pedir ayuda cuando la necesita porque tiene miedo de depender de los demás. Es una respuesta de trauma. Es posible que creciera con personas o adultos que continuamente quebrantaban su confianza y le abandonaban cuando los necesitaba. Como resultado, intenta hacerlo todo usted mismo para evitar decepciones.

La sexualidad desbordada es también una respuesta de huida. Puede que en un principio no lo parezca, pero el sexo equivale a ponerse en una situación especialmente vulnerable, y es probable que adormezca los sentimientos que tenga hacia esa persona o frene los sentimientos no deseados. Tiene miedo a la intimidad porque no quiere que vuelvan a romperle el corazón.

Quedarse paralizado

Una de las respuestas de las que menos se habla es la de la paralización. Esta respuesta se da cuando no es posible huir ni luchar, por lo que en lugar de ello se queda paralizado. El cuerpo se queda quieto, la respiración se hace más lenta y la mente permanece en estado de alerta, esperando que pase la amenaza. Es como un ciervo que no sabe reaccionar cuando se encuentra ante

los faros de un coche. El animal simplemente se paraliza por el miedo. En algunos casos, esta respuesta viene con lo que se denomina «mutismo selectivo», lo que significa que las cuerdas vocales se paralizan, impidiendo que la persona hable. Es probable que sea otra forma de mantenerle callado para que no lo le detecten depredadores o individuos peligrosos.

Lo devastador de esta respuesta es que puede parecer conformidad. En lugar de luchar contra el atacante, el cuerpo se paraliza y parece como si usted permitiera que le hicieran daño. Debido a ello, muchas víctimas de asalto se sienten culpables o se riñen por no haber opuesto resistencia cuando, en realidad, el cerebro decidió que era la forma de actuar más segura. Si le asaltaron y esta fue su respuesta, no se culpe por ello. No tuvo la culpa y no «permitió» que nada le pasara. Fue su cerebro. Su cerebro hizo lo que tenía que hacer para sobrevivir.

Adular

La adulación es una de las respuestas al miedo menos comprendidas porque tiende a percibirse como un rasgo de personalidad —personas complacientes, que siempre se están disculpando o excediéndose al contar cosas personales—, pero este no es el caso. La adulación es un método para calmar al agresor y guiarle hacia acciones diferentes. Por ejemplo, si tiene una pareja con un carácter explosivo, puede fingir estar de acuerdo con ella y validar su ira para que se calme y no le haga daño. Quienes han sobrevivido al maltrato tienden a emplear esta táctica porque desean calmar al maltratador para que disminuya su cólera o violencia.

Piense en ello

·······◆◆◆◆◆◆◆◆·······

★ **Piense** en una ocasión en que reaccionó ante el miedo.
★ **Analice** su reacción corporal.
★ **Decida** cómo le gustaría responder la próxima vez que se desencadene el miedo.

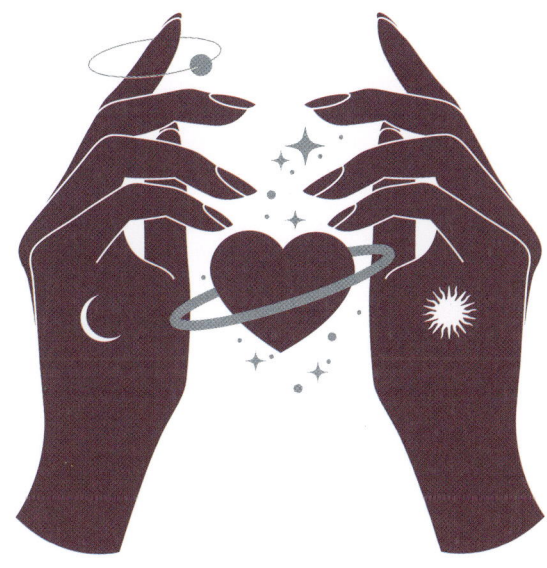

Esta respuesta al miedo podría extenderse hacia otros que no representan ninguna amenaza para usted, como sus amigos, jefe o desconocidos. Es una respuesta ante el miedo persistente que a menudo acaba con la víctima relajando sus límites para sentirse seguro. Esto podría funcionar en una situación abusiva, pero no está garantizado. Lo mejor es marcharse de la forma más segura y rápida posible.

Ejercicios físicos para calmar el cuerpo

Cuando aparece el miedo, y una vez pasada la amenaza inmediata, transcurre un tiempo hasta que se recupera el equilibrio mental y emocional. Por suerte, hay algunos ejercicios físicos que le dirán al cuerpo que es hora de descansar. Se trata de activar el sistema nervioso parasimpático (el que controla la dilatación de las pupilas, la salivación, el latido cardíaco, la contracción de los bronquios y otras cosas). Cuando este sistema funciona, dirige la mente hacia el cuerpo y permite que el cuerpo le comunique a la mente que todo va bien.

Respiración sitali

Enrolle la lengua, dejando que sobresalga ligeramente de la lengua, curvándola como un rollito. Inhale cuatro segundos con la lengua enrollada, metiéndola en la boca al final, y exhale por la nariz seis segundos. Puede parecer extraño y difícil, pero con el tiempo es más fácil. Esta respiración crea una presión en los pulmones que ayuda a regular el sistema nervioso y le transmite seguridad.

Estimulación bilateral

La estimulación bilateral consiste esencialmente en estimular a la vez ambos hemisferios cerebrales. Este proceso reconduce la intensa energía que siente cuando está asustado. Tras experimentar una respuesta al miedo, un exceso de energía circula por nuestro cuerpo. Para activar ambos lados del cerebro, agarre un objeto y páselo de una mano a la otra siguiendo con los ojos el movimiento.

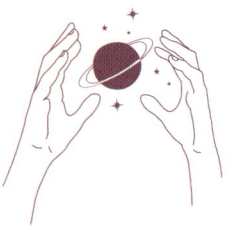

Usar hilo dental

Usar hilo dental tras una respuesta al miedo puede parecer extraño, pero en realidad no lo es. Cuando reaccionamos al miedo de forma automática apretamos las mandíbulas para enfrentarnos a la amenaza, pero al usar hilo dental dejamos caer la mandíbula inferior y esto es una señal para el cuerpo de no tener miedo, y de este modo se reduce el estrés.

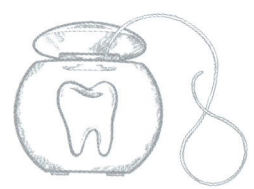

Dese un abrazo

Si puede, cruce los brazos frente al pecho y ponga una mano en cada hombro. Aplique una suave presión sobre la piel mientras desliza poco a poco las manos por los brazos. Existen terminaciones nerviosas justo bajo la superficie de la piel de la parte superior del cuerpo. Al aplicar una suave presión en esas zonas el cerebro genera ondas delta.

Sacudir el cuerpo

Sacudir el cuerpo (como un perro al salir del agua) activa el sistema nervioso parasimpático y eso le dice al cuerpo que se relaje. Este movimiento estimula también el sistema linfático, que a su vez fomenta la desintoxicación. También hace que los músculos que están tensos se relajen.

Calor

Encuentre fuentes de calor que le ayuden a relajarse tras haberse activado una respuesta al miedo, como tomar una taza de té caliente, sentarse al sol o darse un baño caliente. Los baños con agua caliente alivian la inflamación. El calor suele aflojar los músculos y facilita la relajación, como acurrucarse bajo una mullida manta antes de dormirse.

Reduzca los estímulos

Reducir los estímulos innecesarios, como luces brillantes, ruidos fuertes o un ruido de fondo constante, envía un mensaje al sistema nervioso que le dice que está a salvo. Esto ayuda a estimular el sistema nervioso parasimpático y le ancla en el cuerpo, lejos de cualquier factor de estrés externo.

Reajustar el miedo y crear nuevas vías

La buena noticia sobre toda esta información es que puede cambiar *por completo* cómo reacciona ante el miedo y la forma que emplea para ello. Necesitará un enfoque múltiple, así que sea amable consigo mismo si una de las técnicas no le funciona. También hará falta un poco de paciencia. Los nuevos hábitos no se adquieren en un día y tampoco los resultados son inmediatos. Las herramientas que utilizará para establecer nuevos hábitos son la neuroplasticidad, ejercicios de estiramiento muscular y algo de yoga meditativo. Estos métodos combinan técnicas de pensamiento para cambiar su perspectiva con movimientos corporales que combaten directamente los síntomas del miedo.

Pasar a la acción

❖◆❖◆❖◆❖

Cuando sienta que otras opciones no consiguen calmarle, emplee la maniobra Valsalva. Exhale manteniendo la boca cerrada y pellízquese la nariz como si quisiera igualar la presión de los oídos cuando está en un avión. Esto aumenta la presión en el interior de la cavidad pectoral, estimulando el nervio vago, el nervio craneal que comunica con el control parasimpático del tracto digestivo, pulmones y corazón. Al estimularlo, este nervio le ayuda a equilibrarse desconectando su respuesta al estrés.

La magia de la neuroplasticidad

La neuroplasticidad es la capacidad del cerebro de crear nuevas vías neurales, lo que significa que es capaz de reajustarse y adaptarse al cambio. Es algo que el cerebro hace durante toda la vida de una persona. Es lo que permite a la mayoría de los bebés caminar y hablar, y formar nuevos hábitos en general. Siempre que realizamos movimientos o conductas repetitivas, estamos creando vías neurales en el cerebro que con el tiempo se consolidan, haciendo que el hábito sea más fuerte y más automático. Por suerte, el cerebro puede crear nuevos hábitos para sustituir a los antiguos.

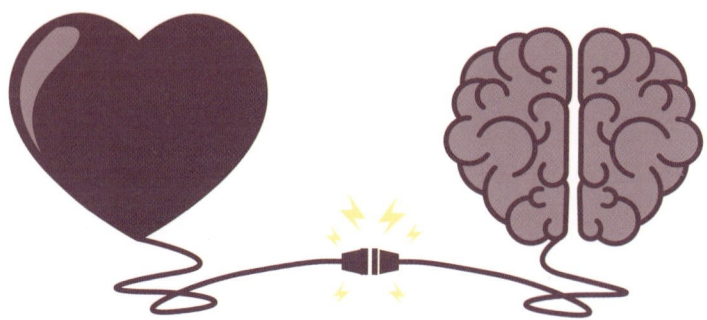

Terapia de exposición suave

La terapia de exposición es cuando se identifica un miedo, se expone a él y va creando una tolerancia a la angustia que produce. Por ejemplo, tal vez le den miedo las ratas. Para una exposición suave, puede acudir a una tienda de animales y observar la sección de ratas. Sabe que no le pueden hacer daño porque están en una jaula. Este ejercicio le ayudará a observarlas y a acostumbrarse al desazón que le producen. La próxima vez que vea una rata, puede que no sienta tanto miedo porque se habrá familiarizado con ellas.

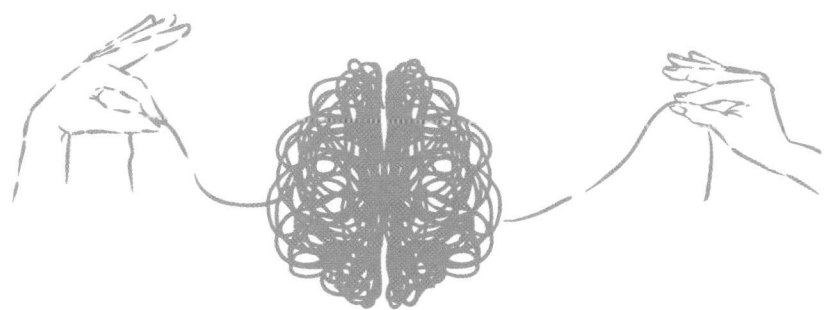

Poner a prueba la respuesta al miedo

Aproveche la información que ya se le ha dado. Sabe cuáles son las señales del miedo y las diferentes respuestas. Reconózcalas en usted y póngalas a prueba. La denominada «prueba de la realidad» se refiere a cambiar su perspectiva con respecto a la verdad. Pongamos que sufre de ansiedad social y asiste a una fiesta. Quizás tema tener que relacionarse, porque tiene miedo al rechazo o a sentirse cohibido, algo que le ocurría en su infancia. Está sudando, se siente abrumado y se pone nervioso. Reconozca que está empezando a asustarse y pregúntese: «¿Este miedo es justificado? ¿Seré rechazado o simplemente lo asumo?».

Otra prueba de realidad sería encontrar lo bueno de la situación. Siguiendo con el ejemplo de la fiesta, en lugar de centrarse en su miedo, podría pensar: «He salido en lugar de quedarme en casa. Es una nueva experiencia para mí», o: «Tengo la oportunidad de hacer nuevos amigos», o incluso algo tan sencillo como: «Estoy en una fiesta donde hay comida gratis. Al menos no tengo que pensar en la cena». Siempre y cuando consiga desplazar el pensamiento del miedo hacia otra cosa, podrá reducir los efectos de su respuesta al miedo.

Concéntrese en la verdad

Concentrarse en la verdad puede ser un tanto difícil —sobre todo si usted es de los que piensan en exceso— porque se centra en los hechos de la situación aunque quizás usted no los reconozca claramente cuando se desencadenan. Pero este paso es importante porque le entrena a ver la verdad del asunto y no lo que su mente, influida por el miedo, *cree* que es verdad. Por ejemplo, puede que tenga miedo de conocer a la familia de su pareja. Quizás su propia familia es dada a la crítica y a analizar todos los pormenores, por lo que automáticamente asume que la familia de su pareja hará lo mismo con usted. En momentos como ese, pregúntese si sus miedos son justificados y que está pasando en realidad.

¿Es justificado su miedo de que le traten de la misma manera? La familia de su pareja no es la suya, de manera que no tiene motivo para pensar que le juzgarán de ese modo. Lo que *realmente* pasa es que tiene miedo a ser rechazado. Pero, ¿cuál es la verdad? La opinión que tengan de usted es importante, pero eso no cambia su valor ni lo que es como persona. Siempre y cuando se plantee estas dos cuestiones, empezará a ver con claridad y se alejará de los pensamientos impulsados por el miedo.

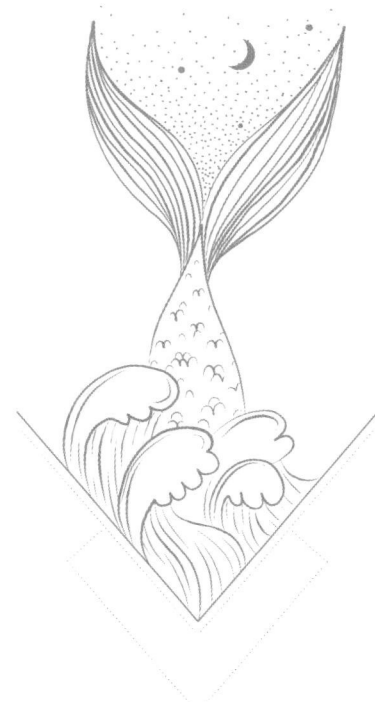

Meditación para encontrar su verdad

1. Empiece por encontrar un lugar cómodo y tranquilo donde pueda estar solo. Cree un espacio donde se sienta a gusto con algunos objetos que le den seguridad. Empleando el método de los cinco sentidos, elija un objeto que represente cada uno de ellos y que le ayude a tranquilizarse. Por ejemplo, podría ponerse un jersey cálido y suave para el tacto, quemar su incienso favorito para el olfato, poner música relajante de fondo para el oído, etcétera.

2. Una vez instalado, tome cinco respiraciones hondas y prolongadas. Puede utilizar la respiración sitali, la cuadrilátera, o simplemente inhalar aire fresco hasta llenarse los pulmones.

3. Examine su cuerpo. Empiece por la parte superior de la cabeza y pregúntese si todo va bien allí. Después pase a la frente. ¿Todo bien? Si siente un poco de dolor de cabeza debido a la tensión, visualice el dolor en color y que este se desvanece en el aire. Baje lentamente por todo el cuerpo hasta llegar a la punta de los dedos del pie.

4. Imagínese el aspecto que tiene su yo superior e invítele a compartir con usted esta meditación.

5. Ahora imagine el aspecto que tiene su sombra e invítela a que les acompañe, a usted y a su yo superior.

6. Una vez estén todos juntos, descríbales la situación y pídales que le muestren una perspectiva verdadera.

7. Cuando tenga un nuevo punto de vista y sienta que ha llegado a la verdad de la situación, finalice el ejercicio llevándose las manos al corazón. Sienta su calor y tome cinco respiraciones profundas.

8. Anote en su diario lo que haya aprendido.

Ejercicio físico

Cuando tiene miedo, su cuerpo produce y retiene adrenalina y cortisol. Los efectos del subidón tardan un tiempo en desaparecer y puede sentirse nervioso e incapaz de relajarse durante un buen rato. El ejercicio es importante para liberar y sustituir esas hormonas por otras mejores, como la serotonina, la hormona de la felicidad. El ejercicio físico ayudará a que el cuerpo pase de la respuesta al miedo al equilibrio.

Relajación muscular progresiva

La relajación muscular progresiva o RMP (llamada también técnica de Jacobson), es el proceso de tensar primero los músculos y después soltarlos para que se relajen. La RMP aleja el cuerpo de las respuestas de huir, luchar, paralizarse o adular, hacia el modo «reposo y digestión». La idea es que la relajación muscular favorece tanto la relajación física como la mental.

La RMP reduce la respuesta al miedo si la detecta antes de que se active. Pero incluso después de que se haya alejado la amenaza, puede practicar este ejercicio para que le ayude a volver a un estado neutro.

Le ayudará también con el insomnio. Si se acuesta estresado o estimulado en exceso por ejercicios físicos realizados por la noche o por haber pasado demasiado tiempo ante una pantalla, esto le ayudará a relajarse antes de irse a la cama. Baja la presión sanguínea y el pulso, preparando el cuerpo para dormir. Asimismo contribuye a reducir el estrés y los dolores de cabeza tensionales, por las mismas razones.

Piense en ello

⋯⋯◆◆◆◆◆◆⋯⋯

★ ¿Cuáles son algunos de sus hábitos negativos que podrían interrumpir el sueño?

★ ¿Qué cosas puede hacer para crear nuevos hábitos más saludables?

Cómo llevar a cabo la rmp

1. Decida con qué parte del cuerpo quiere empezar. Puede ser la cabeza (frente, mandíbula y cuello), la parte superior del cuerpo (abdomen, dedos, manos, brazos y hombros) o la parte inferior (dedos del pie, pies, pantorrillas, muslos y nalgas). Empiece por la cabeza o la parte inferior del cuerpo y vaya bajando o subiendo, dependiendo del lugar por donde empiece.

2. Inhale y apriete (o contraiga) el grupo de músculos elegido. Imagínese el músculo apretándose para que le ayude a concentrarse.

3. Manténgalo cinco segundos.

4. Exhale y relaje ese grupo de músculos diez segundos.

5. Repita con la siguiente parte del cuerpo. (Si una zona corporal está especialmente tensa, repita el ejercicio para esa parte).

6. Continúe de diez a veinte minutos hasta que se sienta completamente relajado.

Yoga reparador

Existen diferentes formas de yoga, según los objetivos. Cuando oye la palabra «yoga» puede que piense en las posturas clásicas como la del perro boca abajo (*adho mukha svanasana*) o la del árbol (*vrksasana*). El yoga reparador difiere de otras formas de yoga porque trata sobre la relajación y la calma. En lugar de estiramientos y movimientos intensos, es pasivo y se puede realizar sobre una esterilla. Todo tipo de personas pueden practicar el yoga reparador, lo que lo hace muy accesible.

Si lo practica después de haber tenido una respuesta al miedo, le ayudará a calmar el cuerpo en la fase de «reposo y digestión». Todo lo que necesita es concentrarse en la respiración y permitir que la mente vaya donde quiera sin intentar controlarla.

Pasar a la acción

⋯⋯◆◆◆◆◆⋯⋯

★ Incorpore el yoga reparador a su vida cotidiana para crear el hábito.
★ Responsabilícese tomando una clase, registrando sus sesiones en un diario o utilizando una aplicación.
★ Encuentre formas creativas de descansar en situaciones estresantes y practique una postura de yoga cinco minutos.

Postura del niño (*Balasana*)

Si lo desea, póngase un cojín o unas mantas dobladas en rectángulo entre las piernas antes de tumbarse. Siéntese sobre los talones, con las rodillas más separadas que las caderas. Lenta y suavemente inclínese hasta que el vientre descanse cómodamente entre las piernas (o el cojín o mantas) y la frente sobre la esterilla de yoga o una almohada. Extienda los brazos al frente para un mayor estiramiento o déjelos descansar a los lados del cuerpo.

Beneficios: esta es una postura curativa y reparadora que estira suavemente la columna vertebral. Se llama «postura del niño» porque calma psicológicamente cuando se ha activado un desencadenante o se siente ansioso o vulnerable. Imita la forma en que un niño podría acurrucarse para tranquilizarse.

Postura del gesto invertido (*Viparita Karani*)

Esta postura es tan fácil que puede practicarla en casi cualquier parte. Encuentre un lugar donde poder descansar las piernas contra una pared. Siéntese en el suelo y avance el trasero hasta la pared. Luego, levante poco a poco las piernas por la pared mientras está tumbado, ya sea sobre la espalda en el suelo, una manta o cojín. Relájese con respiraciones profundas de cinco a diez minutos.

Beneficios: tener las piernas más elevadas que la cabeza y el corazón se considera una «inversión». Reduce la presión sanguínea y temporalmente evita que la sangre se deposite en zonas inactivas; eso ayuda a refrescar la circulación por todo el cuerpo. Si está disgustado, fatigado o se ha activado un desencadenante, esta postura es especialmente relajante y perfecta para aliviar el estrés.

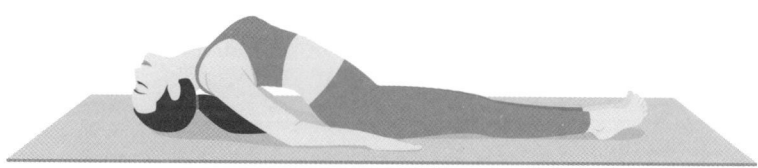

Postura del pez (*Matsyasana*)

Túmbese, extendiendo brazos y piernas cómodamente a los lados, con las palmas de la mano hacia abajo. Presione la parte trasera de la cabeza contra la esterilla y arquee la parte superior de la espalda, utilizando los brazos para hacer presión. Respire hondo y permanezca en esta postura todo el tiempo que quiera.

Beneficios: esta es una flexión dorsal suave y reparadora. El objetivo es relajar y abrir la parte delantera del cuerpo. Los traumas provocan malas posturas debido al blindaje del cuerpo. Esto le ayudará al mismo tiempo con la postura y la recuperación del sistema nervioso.

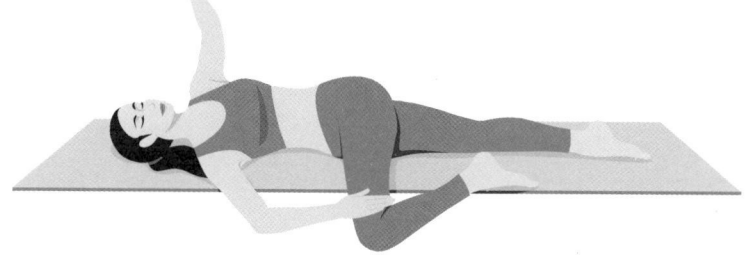

Torsión supina (*Supta Matsyendrasana*)

Túmbese sobre la espalda y lleve las rodillas hacia el torso. Abra los brazos formando una «T», relajando los hombros hacia el suelo. Lleve una rodilla hacia el cuerpo, para que descanse a un lado en el suelo, presionándola suavemente con la mano opuesta. Permanezca en esta postura unos minutos y repita por el otro lado.

Beneficios: la torsión ayuda a comprimir los órganos internos, favoreciendo el sistema digestivo. También ayuda a aliviar el estrés. La torsión devuelve el equilibrio al sistema nervioso y libera la tensión de la columna vertebral.

Piense en ello

- ★ ¿Cómo se sentía antes del yoga? ¿Cómo se siente ahora?
- ★ ¿Qué posturas le aliviaron más?
- ★ ¿Cómo se sintió con cada postura? ¿Relajado? ¿Calmado?
- ★ ¿Cómo puede incorporar estos ejercicios de yoga a su vida cotidiana?

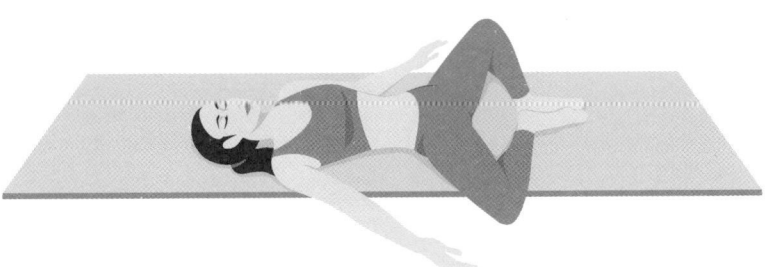

Mariposa supina (*Supta Baddha Konasana*)

Túmbese en su esterilla de yoga. Si quiere, ponga una manta o cojín bajo la cabeza. Junte las plantas de los pies y llévelos hacia las caderas. Deje que las rodillas caigan hacia los lados. Si lo prefiere, añada cojines o un bloque de yoga bajo cada muslo para mayor apoyo. A mí me gusta dejar una mano sobre el corazón y la otra sobre el vientre estando en esta postura, pero también pueden descansar a los lados.

Beneficios: esta postura ayuda a mejorar la circulación de la sangre y estira la parte interior de los muslos y de la ingle. Alivia los síntomas del estrés, la ansiedad y la depresión.

✳ ✳ ✳

7

CÓMO GESTIONAR SU PROPIA CONCIENCIA

Gestionar implica diligencia y dedicación para prosperar. En el trabajo con la sombra, ser el administrador de su propia conciencia significa asumir plena responsabilidad de su viaje de sanación para el resto de su vida, y reconocer los aspectos de su sombra. Para realmente crecer como persona, debe pensar en su conciencia como un espacio vivo: manténgala en buen estado y préstele atención y cuidados extra cuando los necesite. Si no lo hace así, se deteriorará. Esto significaría volver a caer en antiguas pautas y enterrar más profundamente la sombra, impidiendo todavía más su sanación e incluso cayendo en una regresión.

Para evitarlo, permita que este capítulo le guíe a través de su recorrido más allá del libro, con varias comprobaciones y sugerencias cuyo objetivo es hacerle pensar en su avance y en dejarlo registrado. Debido a que la sanación no es lineal, a veces creerá que está retrocediendo cuando, en realidad, tal vez solo esté pasando por una época difícil o por el aniversario de algún trauma. Estas anotaciones servirán también para recordarle que puede superar cualquier cosa que se le presente, porque tendrá constancia de haberlo hecho antes.

Comprobación diaria

El objetivo de una comprobación es, por así decirlo, dejar un rastro de papel. Querrá documentar todo lo que pueda sobre su trabajo con la sombra, para entender como esta se presenta en su vida cotidiana, además del estado de su conciencia. En un día pueden pasar mil cosas; existe un gran potencial para los desafíos, las experiencias de aprendizaje o los retrocesos. Sin embargo, no todo el mundo puede hacer comprobaciones diarias. Si este es su caso, hágalo cada dos. Simplemente sea constante.

Al final de cada día (o cada dos días), reserve un tiempo para responder a una o varias de las siguientes preguntas en su diario o registro:

- ★ ¿Se presentó hoy su sombra? Si es así, ¿dé que modo?
- ★ ¿Qué la activó? ¿Cómo respondió usted?
- ★ ¿Realizó algún cuidado personal? ¿En qué consistió?
- ★ ¿Utilizó algún mecanismo de afrontamiento? ¿Cuál?
- ★ ¿Practicó alguna meditación o ejercicios somáticos para calmar el cuerpo?
- ★ ¿Qué cree que podría haber hecho mejor?
- ★ ¿De qué se siente orgulloso?

Pasar a la acción

⋯⋯◆◆◆◆◆⋯⋯

Haga un repaso y anote cualquier información que la sombra pueda estar intentando revelarle. Elija entre un diario escrito, un diario de voz o cualquier otro tipo de registro. Puede hacerlo en el mismo momento o al final de la jornada. Sea constante durante treinta días para crear el hábito, y sea lo más detallado posible.

Comprobación semanal

Las comprobaciones semanales son tan importantes como las diarias, porque ofrecen la oportunidad de examinar de un modo más amplio lo que ocurrió durante la semana, revelando potencialmente pautas de las que no era consciente. Pueden revelar factores irritantes, malos hábitos o desencadenantes que tal vez ignore. Podría preguntarse por qué debería hacer una comprobación semanal si ya lo hace diariamente. Piense en la diaria como en algo relativo a ese día en concreto, mientras que el repaso semanal lo ve todo como conjunto y de este modo encuentra el sentido. Pasan muchas cosas en una semana y a veces los árboles no nos dejan ver el bosque. Piense en ello como en otra manera de analizar y descifrar lo que está teniendo lugar en su conciencia.

Después de cuatro a siete comprobaciones diarias, reserve un tiempo para la semanal. Repase las anotaciones diarias de la semana y responda a una o varias de estas preguntas en su diario o registro:

★ ¿Qué patrones observó esta semana?

★ ¿Qué lecciones aprendió?

★ ¿Descubrió algo sobre usted y su sombra? ¿Qué?

★ ¿Qué hizo como cuidado personal? Si utilizó más de un solo método, ¿cuál cree que fue más eficaz?

★ ¿Cuáles son algunas de las victorias de la semana?

★ ¿Cree que experimentó algún retroceso esta semana? ¿Fue amable consigo mismo? ¿Por qué o por qué no?

★ ¿De qué manera cuidará mejor de sí mismo la semana próxima?

Comprobación mensual

Ahora llegamos a la comprobación mensual. Similar a la semanal, la comprobación mensual trata de detectar grandes cambios y temas recurrentes en su trabajo con la sombra. Es cuando examina lo que ha conseguido, qué retrocesos ha experimentado y qué lecciones ha aprendido sobre usted mismo y en general. La comprobación mensual es una oportunidad para detectar los cambios más importantes en su vida. Tal vez no lo parezca, pero los meses pasan rápido, sobre todo a partir de cierta edad. Por ello es importante porque una vez pasado el tiempo, este ya no vuelve. Como hay más material que repasar, esta comprobación tarda más tiempo. Tendrá que repasar potencialmente treinta o treinta y un días, dependiendo de la frecuencia de sus comprobaciones. Tómese el tiempo que necesite y registre lo que le parezca más destacado.

Piense en ello

¿De qué manera cuidó de sí mismo este mes? ¿Cómo puede cuidarse mejor el mes próximo? ¿De qué manera puede ser más amable consigo mismo el mes próximo?

Al final del mes, responda a las siguientes preguntas en su diario o registro:

★ ¿Cuáles son los objetivos de su trabajo con la sombra?
★ ¿Qué cerca está de ellos basándose en el avance de este último mes?
★ ¿Qué tema o temas globales detectó?
★ ¿Cuáles son las lecciones más importantes sobre las que reflexionar?
★ ¿Cuáles son los éxitos más importantes? ¿Los ha celebrado? ¿De qué manera?
★ ¿Cuáles son las revelaciones más importantes que ha tenido?

Comprobación del afrontamiento

En el capítulo cuatro hablamos sobre los mecanismos de afrontamiento beneficiosos o perjudiciales. Cuando se convierte en gestor de su propia conciencia,
debe hacer balance de cómo afronta los numerosos factores estresantes de la
vida, incluyendo su miedo y traumas. Nadie es perfecto y es más que probable
que recaiga en mecanismos de afrontamiento perjudiciales, por el mero hecho
de que están muy arraigados. El propósito de este ejercicio es mostrarle que
son nocivos y guiarle hacia estrategias mejores. También sirve para fortalecer
las buenas estrategias que va desarrollando. Mantener un registro le ayudará
a observar de qué modo sus mecanismos le ayudan o le perjudican. Aproveche
ese conocimiento para cambiar sus hábitos.

Mantener un registro

Después de toparse con una situación estresante, responda a las siguientes
preguntas en su diario o registro:

★ ¿Con qué factor estresante se encontró?

★ ¿Cómo le hizo sentir?

★ ¿Qué mecanismos de afrontamiento utilizó? Repase el capítulo cuatro
o las entradas de su diario para una lista de métodos específicos.

★ ¿Le sirvieron de ayuda? Si es así, ¿de qué modo? Si no, ¿por qué no?

★ ¿Dónde aprendió sus mecanismos perjudiciales?

★ ¿Cuál sería una estrategia mejor basándose en lo que ha aprendido?

★ ¿Cómo cree que influirá esto a largo plazo, en su vida en general y
en las nuevas situaciones que surjan?

Comprobación tras la activación de un desencadenante

Para esta comprobación utilizará las siguientes preguntas que le guiarán a través de la conmoción provocada por el desencadenante y le revelarán su causa. Señale este apartado y consúltelo las veces que necesite. Las subsiguientes entradas del diario le mostrarán la frecuencia con la que se topa con este desencadenante y sus causas.

Antes de realizar el ejercicio, asegúrese de que se ha cuidado y que se encuentra en un lugar seguro mental, emocional y físicamente. No querrá que aparezca de nuevo el desencadenante ni añadir más estrés al que ya puede estar sintiendo. Es perfectamente capaz de llevarlo a cabo y una vez finalizado se sentirá mejor. En su diario o registro, responda a las siguientes preguntas después de que se haya activado un desencadenante:

★ ¿Qué activó el desencadenante? ¿Es un desencadenante común para usted?

★ Describa otras veces en que apareció este desencadenante. ¿Cómo lo afrontó entonces comparado con ahora?

★ ¿Sabe por qué tiene este desencadenante? Medite y si hace falta consúltelo con su sombra.

★ Escriba cualquier información que le llegue.

★ ¿Con qué quiere sustituir el desencadenante? Por ejemplo, permanecer neutral al toparse con él, en lugar de rabioso o asustado.

★ Imagínese reaccionando de esa forma y luego anote cómo eso le haría sentir. Téngalo a mano para la próxima vez que se active el desencadenante.

★ Si no fuera por el desencadenante, ¿cómo actuaría en esta circunstancia? ¿Qué poder tendría en lugar de estar poseído por el miedo?

Comprobación cuando esté desencantado

A lo largo de su trabajo con la sombra experimentará avances y retrocesos. Es algo natural. Sin embargo, las personas que han experimentado un trauma —en el pasado o ahora— se exigen más que otras. Les han dicho que no son suficientemente buenas y que tienen que demostrarlo continuamente. Esto, combinado con el diálogo interior negativo y el descartar mecanismos de afrontamiento beneficiosos, les puede convencer de que no están progresando, aunque sí lo estén haciendo. Tal vez no ha podido seguir con las comprobaciones, así que siente que está fracasando y que no se toma el trabajo con la sombra en serio; eso provoca una espiral de desprecio por sí mismo. El objetivo de esta sesión de escribir en el diario es evitarlo.

Su sensación de fracaso y vergüenza no significa que *sí* haya fracasado. Algunos de nosotros queremos ser perfectos o acabar con el trabajo con la sombra lo más rápido posible porque queremos estar ya en la siguiente etapa. Pero eso no siempre funciona así. Estas entradas en el diario le ayudarán a ver que está haciendo lo mejor que puede. Y eso basta.

Pasar a la acción

Repase en su diario las formas en que aparece el diálogo interior negativo. Esto suele ser el origen de su desencanto. Puede luchar contra ello desde diversos ángulos.

★ Durante esta comprobación, intente escribir por categorías el diálogo interior negativo que experimenta. Sea concreto y escriba con frases completas y descriptivas.
★ A continuación, pruebe a darle un giro positivo a cada ejemplo de diálogo interior negativo.
★ Si estos pensamientos persisten, pruebe a meditar sobre la verdad; eso le ayudará a ver la situación tal como es.

En su diario o registro, responda a las siguientes preguntas:

★ ¿Qué sería para usted un avance? ¿Y por qué cree que no se está dando?

★ ¿Quién le enseñó las normas que cree que debe cumplir? ¿Son autoimpuestas?

★ Reflexione sobre el progreso realizado. Repase entradas anteriores para verlo más claramente.

★ ¿Se está comparando con otros? Si es así, deje de hacerlo y sepa que su avance será diferente del de otras personas. No hay que comparar.

★ Nombre cinco habilidades que posea. Aprovéchelas para creer en usted y en su trabajo con la sombra. Conseguirá los resultados deseados, pero necesitará tiempo.

❋ ❋ ❋

CONCLUSIÓN

Integrar la sombra es un largo viaje, y usted ha llegado al final. Ha recorrido un largo trecho y debería estar orgulloso del trabajo que ha realizado hasta llegar aquí. Como ahora ya sabe, es un proceso aterrador no apto para tímidos. Es para los valientes comprometidos con hacer del mundo un lugar mejor, y a la vez una mejor persona, empezando por ellos mismos. El cambio verdadero y duradero solo se da cuando nos concentramos en nuestra misión global y tomamos las medidas necesarias para asegurarnos de que los cambios son permanentes. A medida que continúe integrando la sombra y trabajando con los efectos que eso produce en su vida, irá viendo una transformación general.

Asuma su poder y lo que sabe que puede conseguir. Ya no es la persona que era al principio del libro: alguien que sabía que necesitaba ayuda, pero no tenía idea de por dónde empezar. Ahora es mucho más consciente y más fuerte. No se olvide de ello cuando pase a otras etapas de su trabajo personal. El conocimiento es poder y lo tiene en su interior. Reconozca siempre todo lo bueno y aprenda de lo malo. Cree espacio para la alegría y la capacidad de salir a flote. Después de todo el trabajo profundo que ha realizado hasta ahora, no se olvide de divertirse y disfrutar de los frutos de su labor. Siempre es necesario abordar la oscuridad, pero ahora le espera la luz. Viva en ella y deléitese con todo lo bueno que ha hecho por usted y por su sombra. Ya no tiene que esconder esa parte de sí mismo. Viva la vida de sus sueños aquí y ahora. Y recuerde que siempre puede ir a por más. Se lo merece.

REFERENCIAS Y RECURSOS

ANAD. «Eating Disorder Statistics» https://anad.org/eating-disorder-statistic/

APA Dictionary of Psychology. «resilience» https://dictionary.apa.org/resilience

APA Dictionary of Psychology. «self-care» https://dictionary.apa.org/self-care

APA Dictionary of Psychology. «trauma» https://dictionary.apa.org/trauma

APA Dictionary of Psychology. «trigger» https://dictionary.apa.org/trigger

APA Dictionary of Psychology. «uncovering» https://dictionary.apa.org/uncovering

Avitt, Andrew. «The wellness benefits of the great outdoors» https://www.fs.usda.gov/features/wellness-benefits-great-outdoors

Aybar, Susan. «4 Somatic Therapy Exercises for Healing from Trauma» https://psychcentral.com/lib/somatic-therapy-exercises-for-trauma

Bailey, Aubrey. «Coping Mechanisms: Everything You Need to Know» https://www.verywellhealth.com/coping-mechanisms-5272135

Brandt, Andrea. «9 Things You Need to Know About Shame» https://www.psychologytoday.com/us/blog/mindful-anger/202111/9-things-you-need-to-know-about-shame

Cherry, Kendra. «Id, Ego, and Superego: Freud's Elements of Personality» https://www.verywellmind.com/the-id-ego-and-superego-2795951#toc-the-ego

Cherry, Kendra. «The Unconscious Mind» https://www.verywellmind.com/what-is-the-unconscious-2796004

Cleveland Clinic. «Everything You Need to Know About Doomscrolling and How to Avoid It» https://health.clevelandclinic.org/everything-you-need-to-know-about-doomscrolling-and-how-to-avoid-it

Cleveland Clinic Staff. «Everything You Need To Know About Progressive Muscle Relaxation" https://health.clevelandclinic.org/progressive-muscle-relaxation-pmr

Cooks-Campbell, Allaya. «Triggered? Learn what emotional triggers are and how to deal with them» https://www.betterup.com/blog/triggers

Crosby, Jason. «Healthy coping mechanisms and strategies: Behaviors that can set you up for success» https://thriveworks.com/help-with/coping-skills/coping-mechanisms/

Cuncic, Arlin. «What Does It Mean to Be 'Triggered'» https://www.verywellmind.com/what-does-it-mean-to-be-triggered-4175432

Davis, Tchlkl. «How to Do Shadow Work: Explore shadow work and how to use it in your life.» https://www.psychologytoday.com/us/blog/click-here-for-happiness/202308/how-to-do-shadow-work

Dixon, Elizabeth. «Breaking the Chains of Generational Trauma» https://www.psychologytoday.com/us/blog/the-flourishing-family/202107/breaking-the-chains-generational-trauma

Earnshaw, Elizabeth. «6 Types Of Boundaries You Deserve To Have (And How To Maintain Them)» https://www.mindbodygreen.com/articles/six-types-of-boundaries-and-what-healthy-boundaries-look-like-for-each

Gutierrez, Barbara. «Why do we collect things?» https://news.miami.edu/stories/2021/09/why-do-we-collect-things.html

Guy-Evans, Olivia. «The Psychology Of Fear: Definition, Symptoms, Traits, Causes, Treatment» https://www.simplypsychology.org/what-is-fear.html

Guy-Evans, Olivia. «What Is The Limbic System? Definition, Parts, And Functions» https://www.simplypsychology.org/limbic-system.html

Haas, Susan Biali. «Heal Anxiety by Retraining Your Brain» https://www.psychologytoday.com/us/blog/prescriptions-for-life/202212/heal-anxiety-by-retraining-your-brain

Hoshaw, Crystal. «6 Ways to Give Your Nervous System a Break» https://www.healthline.com/health/mind-body/give-your-nervous-system-a-break

Innis, Jeri. «Calming a Wigged Out Autonomic Nervous System Using the Vagus Nerve» https://www.innisintegrativetherapy.com/blog/2017/11/21/calming-a-wigged-out-autonomic-nervous-system-using-the-vagus-nerve

Jones, Candice. «Breaking the Cycle of Generational Trauma» https://www.ted.com/talks/candice_jones_breaking_the_cycle_of_generational_trauma

Jordan, Candina. «How to Do Restorative Yoga» https://www.webmd.com/balance/how-to-do-restorative-yoga

Kristenson, Sarah. «11 Unhealthy Coping Mechanisms That Hold You Back» https://www.happierhuman.com/unhealthy-coping-mechanisms/

Kristenson, Sarah. «14 Toxic Positivity Examples (And How to Stop Doing Them)" https://www.happierhuman.com/toxic-positivity-examples/

Lebow, Hilary I. «6 Neuroplasticity Exercises for Anxiety Relief» https://psychcentral.com/anxiety/how-to-train-your-brain-to-alleviate-anxiety

Marschall, Amy. «The Four Fear Responses: Fight, Flight, Freeze, and Fawn» https://www.verywellmind.com/the-four-fear-responses-fight-flight-freeze-and-fawn-5205083

Matson, Marquis. «Top 10 Best Restorative Yoga Poses That Even Your Grandmother Could Do» https://bookretreats.com/blog/restorative-yoga-poses/

Maurya, Rakesh. «Use of Family Narratives as a Tool of Effective Parenting» https://www.researchgate.net/publication/294089556_Use_of_Family_Narratives_as_a_Tool_of_Effective_Parenting

Mayer, Beth Ann. «A Guide to Shadow Work Plus 5 Exercises from Experts to Get Started» https://www.healthline.com/health/mental-health/shadow-work

Mayo Clinic, personal de la. «Chronic stress puts your health at risk» https://www.mayoclinic.org/healthy-lifestyle/stress-management/in-depth/stress/art-20046037

Mayo Clinic, personal de la. «Intermittent explosive disorder» https://www.mayoclinic.org/diseases-conditions/intermittent-explosive-disorder/symptoms-causes/syc-20373921

Merriam-Webster's Unabridged Dictionary, s.v. «steward,» accessed February 17, 2024, https://unabridged.merriam-webster.com/unabridged/steward.

Millacci, Tiffany Sauber. «Healthy Coping: 24 Mechanisms & Skills For Positive Coping» https://positivepsychology.com/coping/

Morin, Amy. «Healthy Coping Skills for Uncomfortable Emotions» https://www.verywellmind.com/forty-healthy-coping-skills-4586742

Nail, Rachel. «Your Parasympathetic Nervous System Explained» https://www.healthline.com/health/parasympathetic-nervous-system

OxfordLanguages. «What is comfort food» https://www.ecosia.org/search?q=what%20is%20comfort%20food&addon=chrome&addonversion=6.0.2&method=topbar

Paraspolo, Susan & Christine Van Dusen. «How To Let Go Of Generational Trauma» https://thewell.northwell.edu/emotional-wellness/how-let-go-generational-trauma

Pedersen, Traci. «What Are Triggers, and How Do They Form?» https://psychcentral.com/lib/what-is-a-trigger

Pietrangelo, Ann. «Is Impulsive Behavior a Disorder?» https://www.healthline.com/health/mental-health/impulsive-behavior

Pistoia, Jared C and Sandra Silva Casabianca. «How to Interpret Your Dreams» https://psychcentral.com/lib/dream-analysis-and-interpretation

Pizer, Ann. «What Is Restorative Yoga?» https://www.verywellfit.com/what-is-restorative-yoga-3566876

Psych Central Staff. «Types of Abuse» https://psychcentral.com/lib/types-of-abuse#1

Ramirez-Durna. «Somatic Experiencing Therapy: 10 Best Exercises & Examples» https://positivepsychology.com/somatic-experiencing/#therapies

Ro, Christine. «The surprising upsides of worrying" https://www.bbc.com/future/article/20200824-why-worrying-isnt-as-bad-as-you-think

Schaffner, Anna Katharina. «10 Most Common Unhealthy Coping Mechanisms: A List» https://positivepsychology.com/unhealthy-coping-mechanisms/#unhealthy-coping-mechanisms-a-list

Sherrell, Zia. «What is emotional dysregulation?» https://www.medicalnewstoday.com/articles/dysregulation

Sinha Clinic. «What Are Brain Waves?» https://www.sinhaclinic.com/what-are-brainwaves/

Sreenivas, Shishira. «What Are Intrusive Thoughts?» https://www.webmd.com/mental-health/intrusive-thoughts

Stanborough, Rebecca Joy. «What Are Cognitive Distortions and How Can You Change These Thinking Patterns?» https://www.healthline.com/health/cognitive-distortions

Summer, Jay and Dr. Anis Rehman. «How to Interpret Your Dreams» https://www.sleepfoundation.org/dreams/dream-interpretation

Webb, Jonice. «16 'Tells' That Your Parents May Be Emotionally Neglectful» https://www.psychologytoday.com/us/blog/childhood-emotional-neglect/202202/16-tells-your-parents-may-be-emotionally-neglectful

WebMD colaboradores editoriales. «Signs of Fear» https://www.webmd.com/mental-health/signs-of-fear

Wiest, Brianna. «7 Unhealthy Coping Mechanisms That Are Secretly Wreaking Havoc On Your Psyche» https://www.forbes.com/sites/briannawiest/2018/11/13/7-unhealthy-coping-mechanisms-that-are-secretly-wreaking-havoc-on-your-psyche/?sh=1cd47cb84575

Wisner, Wendy. «Alexithymia Might Be the Reason It's Hard to Label Your Emotions» https://www.verywellmind.com/living-with-alexithymia-7643295

CRÉDITOS DE LAS IMÁGENES

ACERCA DE LA AUTORA

Indigo Flores ha demostrado ser una voz influyente en la exploración del trabajo con la sombra, basada en sus años de experiencia asesorando sobre temas de espiritualidad y crecimiento personal. Como defensora del bienestar holístico, a Indigo le apasiona ayudar a las personas a reclamar su poder y a vivir de forma más consciente. Su interés personal por las complejidades de la mente y el espíritu la ha llevado a un compromiso de por vida con la autoexploración y la sanación interior. Indigo reside en la zona suroeste de Estados Unidos y se enorgullece de seguir invitando a lectores de todo el país a aceptarse plenamente, con gracia y comprensión.

ÍNDICE ANALÍTICO